国家自然科学基金青年项目
"数字金融视角下家庭债务风险研究：测量方法、生成机理与防范对策"（72103010）

数字金融
对家庭行为的影响研究

The Impact of Digital Finance on
Household Behavior

岳鹏鹏 ◎ 著

中国财经出版传媒集团
经济科学出版社
Economic Science Press
·北京·

图书在版编目（CIP）数据

数字金融对家庭行为的影响研究／岳鹏鹏著．

北京：经济科学出版社，2024.6. -- ISBN 978 - 7 - 5218 -

6052 - 8

Ⅰ. F126.1

中国国家版本馆 CIP 数据核字第 2024US2109 号

责任编辑：杜　鹏　常家凤
责任校对：易　超
责任印制：邱　天

数字金融对家庭行为的影响研究

SHUZI JINRONG DUI JIATING XINGWEI DE YINGXIANG YANJIU

岳鹏鹏◎著

经济科学出版社出版、发行　新华书店经销

社址：北京市海淀区阜成路甲 28 号　邮编：100142

编辑部电话：010-88191441　发行部电话：010-88191522

网址：www.esp.com.cn

电子邮箱：esp_bj@163.com

天猫网店：经济科学出版社旗舰店

网址：http://jjkxcbs.tmall.com

固安华明印业有限公司印装

710×1000　16 开　12 印张　210000 字

2024 年 6 月第 1 版　2024 年 6 月第 1 次印刷

ISBN 978 - 7 - 5218 - 6052 - 8　定价：99.00 元

目　录

第1章

引 言

1.1 数字金融发展

多年来，中国人民银行对我国家庭债务风险的重视程度不断提高，如 2005 年开始发布《中国金融稳定报告》，评估我国金融体系的稳健性；2010～2013 年在报告中增设住户部门财务状况分析；2014～2017 年把住户部门财务状况纳入中国经济金融运行报告内容；2018 年和 2019 年连续两年以专题形式重点报告我国住户部门债务分析。关注住户部门债务风险变化、防范家庭部门债务水平过快上涨，成为中国人民银行的重点工作。使用世界银行数据，横向比较 1960～2018 年我国与世界部分国家的家庭杠杆率情况可以发现，我国家庭杠杆率上升速度相对较快，2018 年，我国家庭杠杆率仅低于美国和日本，高于英国、世界平均水平、法国、德国、俄罗斯和印度。

潘敏和荆阳（2018）用居民债务除以 GDP 计算家庭杠杆率表示我国家庭杠杆率的变化趋势，并在《光明日报》发文分析我国家庭部门杠杆率变化趋势，指出发达经济体居民杠杆率平均为 61.2%，发展中经济体居民杠杆率平均为 39.8%，而我国家庭杠杆率由 2008 年的 17.9% 上升至 2017 年的 48.4%。2018 年我国家庭杠杆率增加至 60.4%，2019 年家庭杠杆率约为 63.3%，超过发达经济体居民平均杠杆率 61.2%。

使用 2019 年中国家庭金融调查数据和国家统计局数据估算，我国约有189 万户家庭无力偿还贷款。李扬建议用居民债务和可支配收入之比代替居民债务除以 GDP，我国家庭杠杆率从 2013 年的 79.7% 上升至 2019 年的128.6%。西南财经大学和蚂蚁集团联合发表的《中国居民杠杆率和家庭消费信贷问题研究报告》指出，2018 年人均可支配收入被低估约 18 万亿元。将 18 万亿元补充到可支配收入后发现，2018 年家庭杠杆率为 74.6%，仍表明我国家庭杠杆率相对较高。

我国家庭高杠杆率和数字金融的快速发展密切相关。数字金融是金融和科技深度融合的新业态，包含大数据、云计算和数字身份识别等基础设施、移动支付和数字货币等支付清算、融资筹资、投资和保险。在金融覆盖面不高、金融需求旺盛的现实背景下，数字金融在我国发展迅速。移动支付在我国数字金融发展中影响力最大、业务相对成熟，支付功能也是金融的基础功能，是金融存在和发展的基础。2000 年，我国掀起电子商务热潮所孕育的线上收款需求促使移动支付业务的产生。2004 年支付宝上线，2013 年移动支付市场进入爆发式增长阶段，2016 年移动支付市场规模是美国同期规模的 50 倍，2017 年线下扫码支付规模全面爆发增长，2020 年我国网络支付用户规模已高达 8.05 亿[①]。国家统计局数据显示，2020 年全国网络零售额 11.76 万亿元，占全年社会消费品零售总额（39.2 万亿元）的30%。数字金融改变了金融机构和金融业态。2018 年，我国银行业的电子银行业务替代率达 90% 以上，互联网银行和大科技平台提供的金融服务规模持续扩大。但数字金融并未改变金融业的风险属性。家庭使用数字金融时，家庭债务风险对系统性金融风险的影响受到关注。理解家庭债务风险影响金融稳定性，实现风险防控和创新发展的平衡是数字金融发展的关键。

数字金融是指传统金融与互联网公司利用数字技术实现融资、支付、投资和其他新型金融的业务模式。数字金融以高效低成本的方式评估信贷排斥的低收入家庭的信用，降低信息不对称，提供信贷便利性，促进家庭

---

① 资料来源：CNNIC 第 46 次《中国互联网络发展状况统计报告》。

参与金融市场，缓解家庭信贷约束，促使家庭杠杆率上升。同时，数字金融显著促进家庭消费，移动支付影响家庭消费习惯和家庭货币需求。当家庭无力偿还负债时，家庭面临债务风险。

1.2　数字金融与家庭行为决策

本章分别从"数字金融发展和家庭储蓄""数字金融发展和家庭负债""数字金融发展和家庭债务风险"三个方面论述，进而揭示数字金融对家庭行为决策的影响。

1.2.1　数字金融发展和家庭储蓄

现有文献多集中在数字金融对家庭消费的影响，部分文献关注数字金融对家庭投资性收入的影响，但鲜有文献关注数字金融对家庭储蓄行为的影响。本章将梳理家庭储蓄行为、数字金融与家庭收入、数字金融与家庭消费的相关文献，为检验数字金融对家庭储蓄的影响提供文献支撑。

1.2.1.1　家庭储蓄行为

家庭储蓄是家庭金融研究领域的重要议题，家庭储蓄率和经济发展以及家庭状况等密切相关（Hurd，1987；Cole et al.，1992；Thaler，1994；Banks et al.，1998；Krusell and Smith，2003；Cobb-Clark et al.，2016；Duchin et al.，2017；甘犁等，2018；Faulkender et al.，2019）。从 1970 年开始，中国家庭储蓄率保持稳定上升趋势（周俊山和尹银，2011），到1992 年，居民部门储蓄率开始呈逐步下降趋势（李扬和殷剑峰，2007）。很多学者就家庭储蓄率问题展开研究，如麦克林（McLean，2011）研究保险和储蓄，白重恩等（2012）探索养老保险缴费对家庭储蓄率的影响，刘生龙等（2012）在生命周期模型基础上检验预期寿命对家庭储蓄率的影响，董丽霞和赵文哲（2013）研究经济发展、人口转变和家庭储蓄率之间的关系，杨继军和张二震（2013）关注人口年龄结构对家庭储蓄率的影响，尹志超和张诚（2019）关注女性劳动参与对家庭储蓄率的影响。

数字金融发展降低家庭货币需求。谢平和刘海二（2013）发现，数字金融发展体现了移动支付的低交易成本优势，人们对货币交易动机需求下降，即移动支付降低货币需求（尹志超等，2019）。周光友和施怡波（2015）发现，电子货币发展将减少货币预防性动机需求。数字金融发展缓解家庭流动性约束，降低预防性货币需求（Chamon and Prasad，2008；Guerrieri and Lorenzoni，2017；Anderson et al.，2017）。此外，信贷更易获得为消费者提供延迟和分散支付的途径（Hirschman，1979），同时，数字金融发展提高借贷便利性，缓解家庭流动性约束，促进家庭消费（易行健和周利，2018）。

数字金融发展影响家庭消费习惯和家庭货币需求，进而可能影响家庭储蓄行为，即家庭货币需求的减少可能导致家庭储蓄的降低，但较少文献检验数字金融对家庭储蓄的影响。家庭消费习惯的形成，将显著影响个体消费的选择和跨期替代（Naki and Moore，1996；Guariglia and Rossi，2002；龙志和等，2002；吕朝凤和黄梅波，2011），进而影响家庭储蓄。一方面，金融市场参与如股票和基金参与，可能不会促进家庭收入的显著提高，廖理和张金宝（2011）通过全国城市居民家庭消费金融调研发现，家庭参与股票和基金的投资没有提高家庭收入，反而使得家庭收入呈现降低趋势；另一方面，数字金融发展能够提高借贷便利性，缓解家庭流动性约束。

1.2.1.2　数字金融发展影响家庭收入

很多文献研究数字金融发展对家庭金融市场参与、投资和创业行为的影响，但很少文献直接回答数字金融发展对家庭收入的影响。尽管数字金融发展促使投资者积极参与投资，但王修华等（2016）发现，我国网络贷款市场的投资者风险识别能力较低，向虹宇等（2017）指出，投资者注意力下降将加剧投资者对贷款风险认识的不足。市场上投资者存在非理性行为，投资者通过借款人照片进行投资决策（Duarte et al.，2012），借款人的年龄、性别、体重和种族等个体特征将影响投资者的期望回报（Ravina，2008），等等。

1.2.1.3 数字金融发展影响家庭消费

目前来看，很多文献从不同角度研究数字金融发展对家庭消费的影响。支付心理账户解释了数字金融发展的信用消费可促进家庭消费。例如，数字金融发展可以通过缓解支付心理账户的痛苦（Prelec and Loewenstein，1998；Dupas and Robinson，2013），降低支付透明度（Raghubir and Srivastava，2008），促进家庭消费。普雷莱克和洛温斯坦（Prelec and Loewenstein，1998）认为，消费决策有消费效用的心理账户和支付痛苦的心理账户，当消费效用大于支付痛苦时消费决策发生，支付与消费分离时间越久，心理成本越低，对发生支付的厌恶越低。杜帕斯和罗宾森（Dupas and Robinson，2013）认为，数字金融发展带来的移动支付提供理财服务，吸收部分储蓄，随后放弃资金储蓄的心理标签而用作消费。数字金融发展和移动支付的使用，促进了线上交易的发展（李继尊，2015），以一种便捷的支付方式，提高消费便捷性（谢绚丽等，2018），从而促进家庭消费。但较少文献检验数字金融发展对家庭边际消费倾向的影响。

综上所述，现有文献更多阐释数字金融发展促进家庭消费并分析数字金融发展影响消费的作用机制，并且发现数字金融发展没有显著提高家庭收入。总体来看，没有相关文献直接检验数字金融和家庭储蓄之间的关系，未能分析数字金融对家庭边际消费倾向的影响，缺乏对数字金融和家庭储蓄关系的理解。

1.2.2 数字金融发展和家庭负债

家庭负债与家庭风险偏好密切相关，现有文献关注数字金融对家庭创业、金融市场参与的影响，却未进一步讨论数字金融发挥作用的机制，未分析家庭参与创业活动、参与金融市场时家庭负债增加可能引致家庭债务风险增加的可能性。本书梳理家庭风险偏好和创业、金融市场参与的相关文献，寻找风险偏好作为数字金融影响家庭负债机制的文献支撑，检验数字金融对家庭负债的影响，并识别家庭风险偏好在其中所起到的作用。

1.2.2.1 风险偏好是可变的

家庭风险偏好是家庭金融研究领域的热点议题，风险偏好与经济行为关系密切（Allen and Lueck，1995；Kachelmeier and Shehata，1992；Mazzocco and Saini，2012；张光利和刘小元，2018）。同时，部分学者认为，风险偏好是可变的（Ert and Haruvy，2017；Hanaoka et al.，2018）。廖理和张金宝（2011）指出，风险厌恶受家庭财富状况影响。张光利和刘小元（2018）发现，房价显著影响家庭风险偏好，自我决策的风险偏好（Abelson and Levi，1895）与为他人决策的风险偏好（Wray and Stone，2005）存在偏差（Hsee and Weber，1997）。

柴提和塞德尔（Chetty and Seidl，2007）构建风险偏好与消费决策的期望效用模型，研究个体的风险偏好。刘永芳等（2010）通过电影诱发参与实验大学生的情绪并安排决策任务，观测参与者风险倾向检验的冒险得分，关注情绪和任务框架对自我及与其他人决策时风险偏好的影响。研究发现，在获益框架下，悲伤情绪诱发更强的风险偏好；在损失框架下，愉悦情绪诱发更强的风险偏好；在自我决策时，愉悦情绪在损失框架下诱发更强的风险偏好。周业安等（2012）通过邀请中国人民大学和北京师范大学的214名学生参与真实有益的彩票选择实验测度个体风险厌恶，发现大多数个体是风险厌恶的，同时个体的风险厌恶具有异质性，家庭总收入和经济行为决策经验将对个体风险厌恶产生显著影响。段婧等（2012）通过对大学生分组接受计算机屏幕提词刺激的同时回答风险偏好问卷，研究自尊对风险偏好的影响，发现在获益框架下，低内隐自尊水平导致为他人决策时更冒险。

一方面，数字金融发展通过融资渠道影响借款者。数字金融发展影响借款者金融知识水平，凭借支付服务、融资便利性和引诱性，或强迫性消费，或激励借款者创业，促使借款者参与金融市场。借款者主要集中在无法从银行等传统金融机构中获得贷款、没有财产抵押、信用等级不高的低收入群体（李悦雷等，2013）。数字金融可能促使借款者提高风险偏好。另一方面，数字金融发展通过拓宽投资渠道影响投资者。数字金融发展缓解借贷双方的信息不对称（王会娟和廖理，2014），其通过为借款人提供更多信息、较高借贷利率吸引投资者参与金融市场。尽管存在投资者理性羊群效应，但市场上投资者仍存在风险认知上的不足，如投资者风险识别能力较低（王修华等，2016），存在非理性行为。或者是优质借款人的学历价值无法被投资者有效识别（廖理等，2015）、信任和注意力可能影响投资者的投资意愿、投资者也会忽视管理层信息披露、资金存管信息等问题。因此，数字金融可能促使投资者提高风险偏好。

现有文献讨论风险偏好与经济行为的密切关系，检验家庭总收入、家庭财富、房价以及经济行为决策经验对风险偏好的影响，但尚缺少文献直接检验数字金融对家庭风险偏好的影响。数字金融涵盖融资、投资和支付等业务模式（黄益平和黄卓，2018），尽管大量文献关注数字金融发展对风险行为的影响，但很少文献为数字金融发展影响家庭参与者（借款者和投资者）的风险偏好提供实证。

1.2.2.2 数字金融发展影响家庭金融市场参与

融资和投资决策是家庭金融的重要研究方向（陶春生，2017），数字金融涵盖融资、投资和支付等业务模式（黄益平和黄卓，2018）。大量文献关注数字金融发展对家庭金融市场参与和家庭创业的影响，如谢绚丽等（2018）发现，数字金融发展显著促进创业，易行健和周利（2018）发现，数字金融发展可以提高借贷便利性进而缓解流动性约束，何婧和李庆海（2019）指出，数字金融发展可以缓解信贷约束。但鲜有文献解释数字金融对家庭负债的影响。

1.2.2.3 风险偏好影响家庭决策

现有较多文献关注风险偏好影响家庭和个人金融市场参与、消费和创业等行为决策，例如，李涛和郭杰（2009）研究居民风险态度对股票投资参与的影响，赵冬梅和纪淑娴（2010）关注感知风险对消费者网络购物的影响，陈波（2009）研究风险态度对回乡创业行为的影响，尹志超等（2019）基于家庭风险存在异质性（Mazzocco and Saini，2012；Shrinivas and Fafchamps，2018）研究金融市场参与对家庭幸福的影响。戴国强和方鹏飞（2014）认为，数字金融发展提高了银行负债成本，引起银行贷款利率增加，导致贷款申请者更偏好高风险高回报的资产。

结合以上文献发现，现有文献指出数字金融可缓解信息不对称，促进家庭积极参与金融市场，降低家庭信贷约束，鼓励家庭融资和投资决策、创业，虽然存在部分文献分析借款者和投资者在数字金融中的行为表现，但其都没有很好地解释数字金融发展与家庭负债之间的关系，尤其忽略了风险偏好扮演的角色，没有解释数字金融发展是否可以通过风险偏好而影响家庭负债。

1.2.3　数字金融发展和家庭债务风险

现有文献关注数字金融和普惠金融的关系，强调数字金融通过高效低成本的方式评估信贷排斥的低收入家庭的信用，促使家庭参与金融市场，降低家庭信贷排斥。但其尚未进一步讨论家庭负债增加、家庭杠杆率提高所带来的潜在债务风险。本书梳理数字金融和金融普惠之间的文献，论述数字金融影响家庭负债的理论和实证文献，为检验数字金融对家庭债务风险的影响提供文献支撑。

1.2.3.1　数字金融和金融普惠

很多学者关注家庭信贷（Maki，2001；Mian et al.，2017；Cloyne and Surico，2017；Donaldson et al.，2018；2019）。金融普惠包含储蓄、信贷、支付和保险四个方面内容（尹志超等，2019），数字金融发展与金融普惠联系密切。随着科技快速变革，数字金融迅速发展，我国金融科技在支付、融资等领域的覆盖范围远超美国（Chen，2016）。黄益平和黄卓（2018）认为，数字金融是指传统金融与互联网公司利用数字技术实现融资、支付、投资和其他新型金融业务模式。数字金融通过高效低成本的方式评估信贷排斥的低收入家庭的信用，帮助他们参与金融市场（Gabor and Brooks，2017；Leong et al.，2017）。黄和王（Huang and Wang，2017）指出，中国有7.85亿智能手机可以帮助识别潜在用户。基于包含短信、电话、支付信息、浏览信息以及社交网络在内的手机使用大数据，金融科技公司实现用户的信用评估（Gomber et al.，2018）。数字金融发展缓解信息约束，低成本提供信贷便利性，支持实体经济。张子豪和谭燕芝（2018）发现，数字金融发展显著缩小城乡居民收入差距，谢绚丽等（2018）发现，数字金融发展显著促进创业，郝云平和雷汉云（2018）指出，数字金融发展显著促进经济增长。

数字金融发展可以降低家庭的信贷排斥，但同时可能引发家庭债务风险。本书详细阐述了金融发展与家庭信贷和负债陷阱之间的理论框架。缺乏金融知识（Demirguc-Kunt and Klapper，2013；Ren et al.，2018）、对金融机构不信任（Demirguc-Kunt and Klapper，2013；Allen et al.，2016；Arnet et al.，2016）、交易成本、个人偏好和地理排斥（Fungacova and Weill，2015；Ren et al.，2018；Allen et al.，2016）等原因造成家庭的信贷排斥。金融发展可以通过消除信贷歧视、发展小微金融和数字金融，减少信贷排斥（Gabor and Brooks，2017；Leong et al.，2017）。用覆盖广度、使用深度和数字化程度衡量的数字金融，可以有效地降低信息不对称和交易成本，促进因客观因素的信贷排斥家庭参与金融市场。数字金融发展在降低信贷排斥的同时，实现了以储蓄、信贷、支付和保险为代表的金融普惠（尹志超等，2019），促进家庭金融市场参与。但数字金融监管受到挑战，网贷行业市场总体良莠不齐（朱家祥等，2018）。数字金融发展可能导致家庭过度负债，引发债务风险，落入负债陷阱的可能性增加。

1.2.3.2　数字金融发展和家庭债务风险

数字金融发展鼓励家庭参与金融市场，缓解家庭信贷约束。微观融资需求的多样性（生产性、消费性和习惯性需求）导致民间借贷是必然的金融现象（张文俊和文良旭，2002）。农村金融参与意识薄弱（熊学萍等，2007），余泉生和周亚虹（2014）认为，农村家庭在农业生产、工商业经营、消费等方面资金需求受到约束程度较高。在数字金融发展之前，农村家庭对民间互助性借贷意愿更为强烈，这可能与借贷抵押品相关。杨汝岱等（2011）指出，农村主要生产要素土地和主要财产住房都无法作为抵押品进入市场，制约了农村正规金融市场的发展。数字金融充分扩大了金融覆盖程度，有效降低了交易成本（谢绚丽等，2018）。正规金融机构在农村金融市场上的信息处理能力存在不足（王元，2006），数字金融在信息采集和使用方面比传统银行模式更有优势（刘征驰和赖明勇，2015）。数字金融可以降低借贷双方的信息不对称和交易成本，缓解家庭流动性约束（易行健和周利，2018）。

数字金融发展可能导致家庭过度负债而无力偿还，引发债务风险，落入负债陷阱（Karlan et al.，2019）。涂荣庭等（2008）建立"卡奴"形成机制理论，指出消费者无力偿还信用卡欠款而导致严重社会问题，认为"卡奴"现象的爆发是由于银行营销和无门槛滥发、诱导消费者消费、提供过高信用额度和高额贷款利率导致。刘哲希和李子昂（2018）研究结构性去杠杆进程中家庭部门是否应该加杠杆问题，发现家庭部门加杠杆将抑制居民消费支出的增长，导致居民投机性行为显著增加。但目前很少文献检验数字金融发展对家庭债务风险的影响。

1.3 本章小结

家庭金融正逐渐成为经济学、金融学的一个重要领域（Campbell，2006）。关于数字金融发展对家庭金融市场参与的关系研究，近年来也受到了很多学者的关注。通过对以上文献总结，本章主要发现以下三个方面的问题。

第一，鲜有文献提供衡量家庭债务风险的方法，并建立家庭债务风险的理论分析框架。数字金融发展鼓励创业决策，影响借款者和投资者的行为表现，能够作为信息中介缓解信息不对称，有效地降低信息不对称和交易成本，促进家庭积极参与金融市场、参与融资和投资，从而增加家庭负债。但现有文献却没有从家庭负债问题深入分析，尚未研究家庭债务风险对系统性金融风险的影响，缺乏对家庭债务风险影响金融稳定性的理解，需要研究并建立家庭债务风险的理论分析框架。

第二，鲜有文献研究数字金融促进家庭参与信贷市场时可能引发家庭债务风险，并检验数字金融对家庭债务风险的因果关系。现有文献关注数字金融对家庭金融市场参与、家庭消费和创业决策的影响，关注数字金融发展对家庭信贷约束的影响，关注数字金融发展对家庭消费和收入的影响。数字金融发展促进家庭消费，影响家庭收入。数字金融发展影响借款者金融知识水平，凭借支付服务、融资便利性和引诱性，或强迫性消费，或激励借款者创业。数字金融可以提高借贷便利性，缓解家庭流动性约束，影响家庭消费习惯和家庭货币需求。但现有文献却没有从理论和实证两个方面提供数字金融影响家庭债务风险的分析。

第三，现有文献缺少对家庭债务风险的理解和认识，同时尚未开展家庭债务风险防范的研究。现有文献研究家庭负债，却很少关注家庭过度负债而产生债务风险。特别是数字金融发展中，借款者主要是无法从银行等传统金融机构中获得贷款、没有财产抵押、信用等级不高的低收入群体。因此，收入分配最低家庭债务显著增加，容易引发债务风险。在缺乏对家庭债务风险理论框架的情况下，现有文献缺乏防范家庭债务风险的研究，未深入思考家庭债务风险对系统性金融风险的影响，缺乏对家庭债务风险影响金融稳定性的讨论。

第 2 章

数字金融与家庭收入

2.1　家庭收入

2.1.1　研究背景

近年来，我国经济高速发展，居民收入水平不断提高。数字金融作为依托于互联网、数字信息技术以及大数据平台等新兴技术的兴起和发展与传统金融服务业态相结合的新一代金融服务模式，对于我国家庭收入、消费服务、信贷行为产生了方方面面的影响。目前，我国数字金融的发展成果显著，了解具体数字金融的各项指标对居民收入的影响，有助于把握下一步推行数字金融的工作重心。21 世纪以来，中国的数字金融发展迅速，影响广泛。据北京大学数字普惠金融指数资料，2011 ~ 2023 年，中国数字普惠金融省级指数中值从 33.6 增长到 356.8，年均增长率约为 27.1%。数字金融的快速增长是否会提高居民收入，以满足他们对美好生活的需求？本章的主要内容是探究数字货币对家庭收入的影响。

在探讨数字金融对居民收入的影响方面，现有文献主要从宏观和微观两个角度进行讨论。首先，从宏观角度间接研究居民收入，即数字金融可以通过促进经济发展和缩小地区差距来促进居民收入增长（Qin et al.，2020）；其次，直接探讨数字金融对居民收入的影响，得出数字金融将促进居民收入增长的结论。粗略的异质性分析发现，数字金融可以带来包容性经济增长（张勋等，2020）。

在探索数字金融对居民收入的微观机制方面，现有文献主要关注创业和支付便利在数字金融收入效应中的作用。基于此，本章从实证角度全面考察数字金融与家庭收入之间的关系。相比既有研究，本章试图在以下方面进行创新：第一，相比以往文献多采用截面数据，本章利用 2015 年、2017 年、2019 年三期的中国家庭金融调查数据（CHFS），在微观层面研究数字金融与居民收入之间的关系；第二，利用家庭数据进一步探索影响数字化金融的机制，提出扩大居民就业空间、获取在线信息和信贷是数字金融促进居民收入增长的微观机制，并分维度、分业务探究了其对家庭收入的影响。

2.1.2　文献综述

人们普遍认为，金融发展促进经济增长（King and Levine，1993）。根据传统金融理论，金融发展提供了平滑消费、控制风险、消除住宅限制和简化交易的好处（Yao and Ma，2022）。数字金融作为金融和互联网创新的组合，也应促进经济增长。此外，数字金融具有传统金融不具备的优势（Kapoor，2014）。数字金融依托互联网而发展，突破了地理和空间限制，允许广大公众参与，增加了金融服务的覆盖面，同时减少传统金融对实体分支机构的依赖，降低成本，从而促进普惠金融的发展（Jinpu et al.，2015）。目前，数字普惠金融领域的研究侧重于中小企业和居民福利研究，而居民福利研究则侧重于数字普惠融资对居民收入分配的影响。

大量文献研究了数字金融与收入之间的关系，研究表明，数字普惠金融的发展有助于缩小城乡收入差距（Ji et al.，2021），因为数字普惠融资可以弥补农村地区传统金融体系的不足，降低服务成本，并为农村地区的经济发展提供支持，为乡村振兴和解决"三农"问题作出贡献。也有研究表明，数字金融的发展显著促进了居民消费，且在城镇地区更为明显（芦彩梅和王海艳，2021）。然而，上述研究大多在宏观层面讨论了数字金融发展对居民收入的作用，在微观层面却难以确定数字金融发展对于居民收入的影响机制。为了探索数字金融对收入分配的微观影响机制，有学者使用微观家庭数据证明，数字金融发展可以通过提高支付便利性和缓解流动性约束来促进居民消费（Yi and Zhou，2018，Li and Xiao，2020）。数字金融的使用不仅缓解了农户的信贷约束，增加了农户的信息可得性，还通过特有的社会信任强化机制提升了农户的社会信任感，最终促进农户创业，提高创业绩效（何婧和李庆海，2019）。张勋等（2020）进一步指出，居民的创业行为是数字金融促进居民收入增长的机制，在探索信贷的中介作用时使用了信贷对住宅消费的回归分析，并得出结论，信贷不会促进住宅消费。而尹志超等（2021）对信贷安全和通信网络的数字鸿沟进行了回归分析，研究结果表明，数字鸿沟通过降低信贷的可能性降低了居民收入。

通过以上讨论，可以了解关于数字金融对居民收入增长的传导机制。大多数文献研究了创业对居民收入的影响，并使用回归分析方法验证了数字金融对创业的作用，从而得出数字金融通过影响居民创业获得收入增长的结论。现有文献表明，数字金融发展可以促使金融市场包容性增长。例如，孙和胡（Ji and Jin，2020）使用家庭微观调查数据调查了数字普惠金融与居民扶贫之间的关系，发现数字普惠融资可以有效降低低教育水平和较差健康状况群体的贫困。张勋等（2020）还详细讨论了数字金融发展可以显著提高家庭收入，农村人口在这一过程中获益更多，从而得出结论，数字金融发展促进包容性经济增长。然而，尚未有学者解决机制中的群体差异，如信贷是否可以更多地用于解释低技能劳动力或农村居民的收入增长？因此，通过实证检验机制分析的异质性，进一步深入研究微观机制。

2.2 家庭参与数字金融

2.2.1 理论基础

本章从家庭收入和家庭消费角度分析数字金融发展对家庭收入的影响和作用机制。有关收入的探究，廖理和张金宝（2011）通过全国城市居民家庭消费金融调研发现，家庭参与股票和基金的投资没有提高家庭收入，反而使得家庭收入有降低趋势。但张勋等（2019）指出，数字金融发展促进经济包容性增长，显著提升家庭收入。对此，本书将建立理论框架进行分析，然后建立实证模型进行检验。

数字金融发展可以作为技术进步的体现，其可以以高效率的投融资方式影响家庭收入。阿西莫格鲁（Acemoglu，1998）和凯瑟莉（Caselli，1999）讨论技术对收入不平等的影响。因此，将数字金融发展视为技术进步，可以从生产函数角度建立理论框架，分析数字金融发展对家庭收入的影响。

根据凯瑟莉（1999）的研究，生产函数可以写为：

$$Y_t = \sum_{i=0}^{\infty} d_t^i F^i(K_t^i, L_t^i)$$

其中，K_t^i 是资本，L_t^i 是劳动。

同时，生产函数也可以写作：

$$F^i(K_t^i, L_t^i) = (A)^i (K_t^i)^\alpha (L_t^i)^{1-\alpha}$$

其中，A 是技术。

在竞争市场下，利率和工资率为：

$$R_t^i = \alpha(A)^i \left(\frac{L_t^i}{K_t^i}\right)^{1-\alpha}$$

$$W_t^i = (1-\alpha)(A)^i \left(\frac{K_t^i}{L_t^i}\right)^{1-\alpha}$$

然后，可以引入家庭（或劳动者）的效用最优问题：

$$\log(C_t^1) + \beta\log(C_{t+1}^2)$$

这是本章讨论数字金融发展和家庭收入时使用的理论分析框架。张等（Zhang et al.，2017）同样建立从生产函数角度展开的理论框架，分析技术进步对收入的影响。进一步，本章可采用张等（2017）对技术进步的估计方法，估计数字金融发展对收入的影响。

因此，包含数字金融发展的生产函数可以写为：

$$Y_t = F(A_t, L_t, D_t, K_t)$$

其中，A_t 是劳动技术进步，L_t 是劳动，D_t 是数字金融引起的资本技术进步，K_t 是资本。

根据阿西莫格鲁（2003），资本进步的技术变化可以写为：

$$C = \frac{\partial\left(\dfrac{F_K}{F_L}\right)}{\partial\left(\dfrac{D}{A}\right)}$$

因此，生产函数可以表述为：

$$Y_t = \left[(1-\alpha)(A_t, L_t)^{\frac{\sigma-1}{\sigma}} + \alpha(D_t, K_t)^{\frac{\sigma-1}{\sigma}}\right]^{\frac{\sigma}{\sigma-1}}$$

因此，资本进步的技术变化可以重写为：

$$C_t = \frac{\alpha}{1-\alpha}\left(\frac{K_t}{L_t}\right)^{-\frac{1}{\sigma}}\frac{\sigma}{\sigma-1}\left(\frac{D_t}{A_t}\right)^{-\frac{1}{\sigma}}$$

从而数字金融发展所体现的技术进步可以表述为：

$$DF_t \triangleq \frac{C_t}{\varepsilon_t}\Delta\left(\frac{D_t}{A_t}\right) = \frac{\sigma}{\sigma-1}\left(\frac{A_t}{D_t}\right)\Delta\left(\frac{D_t}{A_t}\right)$$

其中：

$$\varepsilon_t = \frac{\partial Y/\partial K}{\partial Y/\partial L} = \frac{\alpha}{1-\alpha}\left(\frac{D_t}{A_t}\right)^{\frac{\sigma-1}{\sigma}}\left(\frac{L_t}{K_t}\right)^{\frac{1}{\sigma}}$$

$$A_t = \frac{Y_t}{L_t}\left[\frac{w_t L_t}{(1-\alpha)(w_t L_t + r_t K_t)}\right]^{\frac{\sigma}{\sigma-1}}$$

$$D_t = \frac{Y_t}{K_t}\left[\frac{r_t K_t}{\alpha(w_t L_t + r_t K_t)}\right]^{\frac{\sigma}{\sigma-1}}$$

参考克隆普等（Klump et al.，2007）的研究，可以得到：

$$\ln\left(\frac{Y_t}{\overline{Y}}\right) = \ln(\zeta) + \frac{\sigma}{\sigma-1}\ln\left\{(1-\alpha)\left[\frac{L_t}{\overline{L}}\exp\left[\left(\overline{t}\frac{\gamma_L}{\lambda_L}\right)\left(\frac{t}{\overline{t}}\right)^{\lambda_L} - 1\right]\right]^{\frac{\sigma}{\sigma-1}}\right.$$

$$+\alpha\left[\frac{K_t}{\bar{\bar{K}}}\exp\left[\left(\bar{t}\frac{\gamma_K}{\lambda_K}\right)\left(\frac{t}{\bar{t}}\right)^{\lambda_K}-1\right]\right]^{\frac{\sigma}{\sigma-1}}\Bigg\}$$

$$\ln(w_t)=\ln(1-\alpha)+\ln\left(\frac{\bar{Y}}{\bar{L}}\right)+\frac{\sigma-1}{\sigma}\ln(\zeta)$$

$$-\frac{\sigma-1}{\sigma}\ln\left(\frac{\frac{Y_t}{\bar{\bar{Y}}}}{\frac{L_t}{\bar{\bar{L}}}}\right)+\frac{\sigma-1}{\sigma}\left[\left(\bar{t}\frac{\gamma_L}{\lambda_L}\right)\left(\frac{t}{\bar{t}}\right)^{\lambda_L}-1\right]$$

$$\ln(r_t)=\ln\alpha+\ln\left(\frac{\bar{Y}}{\bar{K}}\right)+\frac{\sigma-1}{\sigma}\ln(\zeta)-\frac{\sigma-1}{\sigma}\ln\left(\frac{\frac{Y_t}{\bar{\bar{Y}}}}{\frac{K_t}{\bar{\bar{K}}}}\right)$$

$$+\frac{\sigma-1}{\sigma}\left[\left(\bar{t}\frac{\gamma_K}{\lambda_K}\right)\left(\frac{t}{\bar{t}}\right)^{\lambda_K}-1\right]$$

在上述理论模型分析的基础上，本书尚需进一步推导。同时，本书也将建立实证模型，使用家庭微观数据，实证检验数字金融对家庭收入的影响。参考文献定义关键变量，在家庭层面，使用微观调查数据定义家庭收入作为被解释变量，使用家庭数字金融参与作为解释变量，使用面板工具变量固定效应估计数字金融发展对家庭收入的影响。

2.2.2　研究设计

本章使用的第一部分数据来自 2015～2019 年的西南财经大学中国家庭金融调查（China Household Finance Survey，CHFS）数据。CHFS 数据于 2015 年、2017 年和 2019 年依次有 37 289 户、40 011 户、34 643 户受访家庭。CHFS 问卷包含人口统计特征和家庭特征，样本分布于 29 个省份（不含新疆、西藏、港澳台地区）、367 个县（区、县级市）和 1 481 个社区，具有全国、省级和副省级城市代表性。CHFS 为研究人员提供了高质量的微观数据以研究中国家庭金融问题，其主要包括住房和金融财富、消费、收入、信贷约束以及社会保险，为本章研究数字金融对家庭收入的影响提供数据研究基础。

第二部分数据是地区层面的数字金融发展程度。本章选取中国数字普惠金融发展指数作为数字金融发展的代理变量。该指数采用了蚂蚁集团的交易账户大数据，由北京大学数字金融研究中心和蚂蚁集团共同编制（郭峰等，2020），是涉及省、市、县三级的年度数据，已经被广泛认可并应用于分析中国数字金融发展程度，具有相当的代表性和可靠性。

其一，家庭收入。家庭收入是本章的被解释变量。家庭收入包括家庭总收入、工资性收入、工商业收入、财产性收入、转移性收入和其他收入。工资性收入是指所有家庭成员的工资薪金收入。工商业收入是指家庭从事生产经营活动（如个体户、租赁、运输、网店、经营企业等）所赚取的收入。财产性收入包括家庭的租金收入、参与金融市场获得的收入等。转移性收入是指春节、中秋节等节假日的红包，婚丧嫁娶及庆生的红包和养老金、企业年金等保险收入。其他收入包括稿酬收入、打牌、打麻将收入和博彩收入等。

其二，数字金融。本章关注数字金融对家庭收入的影响，选取北京大学数字金融研究中心和蚂蚁集团共同编制的中国数字普惠金融发展指数作为数字金融发展的代理变量。

其三，其他变量。本章参照以往的文献，选取的控制变量包括：户主特征变量（年龄、性别、婚姻状况、受教育年限、工作状态、健康情况）、家庭特征变量（家庭人口规模、劳动力比率、家庭期初净资产、家庭收入）和地区特征变量（省份、城乡）。数据处理上，剔除变量中存在缺失值的样本，观测样本量为 88 679 个家庭。表 2 - 1 汇报了样本中变量描述性统计结果。由标准差结果可知，家庭收入波动幅度较大，最小值甚至为负。户主平均年龄为 53 岁，约 86% 处于已婚状态，户主平均受教育年限为 9 年，即初中学历水平。样本家庭中约 35% 来自农村，家庭人口规模平均为 3~4 人，劳动率比率达到 62%。此外，家庭净资产也存在显著差别，部分家庭的工作收入只能满足基本生活需求。可见，不同家庭之间的经济状况存在较大差别，家庭贫富差距十分明显。

表 2 - 1　　　　　　　　　　主要变量的描述性统计

变量	观测数	平均值	标准差	最小值	最大值
收入	88 679	74 751.9000	174 223.0000	- 1.9791e + 06	8 497 832.0000
数字普惠金融指数	88 679	183.6590	53.6636	26.7400	285.4300

续表

变量	观测数	平均值	标准差	最小值	最大值
年龄	88 679	53. 1164	14. 1926	17	117
男性	88 679	0. 7836	0. 4118	0	1
已婚	88 679	0. 8632	0. 3436	0	1
工作状态	88 679	0. 6760	0. 4680	0	1
健康情况	88 679	0. 4217	0. 4938	0	1
受教育年限	88 679	9. 1789	4. 2497	0	22
农村	88 679	0. 3521	0. 4776	0	1
家庭人口规模	88 679	3. 4377	1. 6304	1	19
劳动力比率	88 679	0. 6206	0. 3482	0	1
家庭净资产	88 679	737 016. 4000	1 560 841. 0000	0	5. 6200e + 07

2.2.3　模型设定

本章使用 CHFS 面板数据，实证检验数字金融对家庭收入的影响。本章将模型设定为：

$$\ln(\text{Income})_{it} = \alpha + \beta\text{Digital}_{it} + X_{it}\gamma + c_i + \varepsilon_{it} \qquad (2-1)$$

其中，$\ln(\text{Income})_{it}$ 表示家庭 i 在 t 期的收入总额对数值。Digital_{it} 为家庭 i 在 t 期的数字金融发展情况。X_{it} 包括家庭户主特征变量、家庭特征变量及农村等宏观特征变量，c_i 为不随时间变化的混淆变量，ε_{it} 为误差项。

为分析数字金融对家庭收入的影响机制，本章考察了数字金融对家庭创业的影响，以及数字金融对家庭财产性收入的影响。机制检验模型设定为：

$$\text{Entrepre}_{it} = \alpha + \beta\text{Digital}_{it} + X_{it}\gamma + c_i + \varepsilon_{it} \qquad (2-2)$$

$$\text{Property\_income}_{it} = \alpha + \beta\text{Digital}_{it} + X_{it}\gamma + c_i + \varepsilon_{it} \qquad (2-3)$$

其中，Entrepre_{it} 表示家庭 i 在 t 期是否创业；$\text{Property\_income}_{it}$ 表示家庭 i 在 t 期家庭财产性收入的代理变量；X_{it} 包括家庭户主特征变量、家庭特征变量及农村等宏观特征变量，c_i 为不随时间变化的混淆变量，ε_{it} 为误差项。

2.2.4　实证结果

本节使用模型（2-1）实证检验数字金融对家庭收入的影响。表2-2报告了数字金融对家庭收入的实证结果。第（1）列使用最小二乘法（OLS）进行估计，第（2）列使用面板固定效应模型（FE）进行估计，面板固定效应估计可以消除不随时间变化的混淆变量。由第（1）列可知，数字金融对家庭收入的估计系数为0.0073，说明数字金融每增加1%，家庭收入将增加0.73%，在1%的置信水平下显著，这表明数字金融显著提高家庭收入规模。第（2）列则使用面板固定效应，消除潜在的不随时间变化的混淆变量对估计结果的偏误影响。估计系数为0.0057，在1%的置信水平下显著，同样表明数字金融能够显著提高家庭收入规模。二者都表明由于数字金融的发展而建立的新兴产业不仅拓宽了居民的收入模式，还增加了收入渠道，进而提高了家庭的收入规模。

表2-2　　　　　　　　　数字金融发展对收入的影响

项目	（1） OLS	（2） FE
数字金融	0.0073 *** (0.001)	0.0057 *** (0.000)
户主年龄	-0.0108 ** (0.005)	0.0074 (0.012)
户主年龄平方	0.0003 *** (0.000)	-0.0000 (0.000)
户主男性	-0.0860 *** (0.024)	-0.0064 (0.054)
户主已婚	0.1371 *** (0.029)	0.0534 (0.063)
户主工作状态	0.3998 *** (0.026)	0.5382 *** (0.044)
户主健康情况	0.0643 *** (0.021)	0.0471 (0.032)

续表

项目	(1) OLS	(2) FE
户主受教育年限	0.0924 *** (0.003)	0.0258 *** (0.008)
农村	− 0.4700 *** (0.025)	0.1536 (0.122)
家庭人口规模	0.1913 *** (0.007)	0.2155 *** (0.013)
劳动力比率	0.1402 *** (0.035)	0.0848 (0.074)
ln（家庭净资产）	0.2379 *** (0.007)	0.1258 *** (0.013)
省份	控制	
年份	控制	控制
样本量	88 679	88 679
Adj. R^2	0.095	0.026

注：*** 、** 分别表示在 1%、5% 的水平下显著，括号内为异方差稳健标准误。

2.2.5　数字金融的异质性影响

本节关心农村家庭在数字金融对家庭收入中的作用，在模型中加入了数字普惠金融指数与农村地区的交互项，使用普通最小二乘法、面板固定效应估计方法得到估计结果，如表 2 - 3 所示。从估计结果可以发现，数字金融和农村地区的交互项估计系数在普通最小二乘法和面板固定效应估计下均为 − 0.0017，且均在 1% 的置信水平下显著，这表明，农村地区在数字金融对家庭收入的影响中有显著的抑制作用。这可能与现阶段部分农村地区网络技术仍然落后有关。尽管随着互联网的普及，社会为劳动群体提供了更多的就业模式与就业机会，家庭收入整体得到显著提高。但由于农村长期以来欠缺的教育以及自有的经济状况等限制，仍会在数字金融对家庭收入影响方面起到一定的阻碍作用。这说明对于农村地区，需要采取更多切实可行的政策引领经济发展，例如，可以通过建设新型农村面貌、助力"三农"经济、传播互联网网络技术以及加速我国城镇化进程等政策来提高家庭可支配收入，进而促进经济的可持续发展。

表2-3 数字金融对农村地区家庭收入影响

项目	(1) OLS	(2) FE
数字普惠金融指数×农村	-0.0017 *** (0.000)	-0.0017 *** (0.000)
农村	-0.1730 ** (0.069)	0.2682 * (0.141)
数字普惠金融指数	0.0077 *** (0.001)	0.0020 (0.003)
户主年龄	-0.0106 ** (0.005)	0.0040 (0.012)
户主年龄平方	0.0003 *** (0.000)	0.0000 (0.000)
户主男性	-0.0860 *** (0.024)	-0.0362 (0.054)
户主已婚	0.1380 *** (0.029)	0.0551 (0.063)
户主工作状态	0.3980 *** (0.026)	0.5161 *** (0.044)
户主健康情况	0.0622 *** (0.021)	0.0422 (0.032)
户主受教育年限	0.0925 *** (0.003)	0.0247 *** (0.008)
家庭人口规模	0.1906 *** (0.007)	0.2508 *** (0.013)
劳动力比率	0.1383 *** (0.035)	0.1291 * (0.074)
ln（家庭净资产）	0.2376 *** (0.007)	0.1312 *** (0.013)
观测值	88 679	88 679
R^2	0.095	0.031

注：***、**、*分别表示在1%、5%、10%的水平下显著，括号内为异方差稳健标准误。

　　本节考察低财富在数字金融对家庭收入中的作用，在模型中加入了数字普惠金融指数和低财富的交互项，使用普通最小二乘法、面板固定效应估计方法得到估计结果，如表 2-4 所示。从估计结果可以发现，数字普惠金融和低财富交互项的估计系数分别为 -0.0010 和 -0.0008，前者在 1%的置信水平下显著，后者在 10%的置信水平下显著，这表明，低财富在数字金融对家庭收入影响中有显著的抑制作用。低财富群体接触到新兴事物的机会是有限的，而且对互联网等金融领域的了解少之又少，因为该部分群体既没有闲暇的时间，也没有富余的资金参与互联网等数字金融的事务，因此，互联网的发展对于提高其收入任重而道远。

表 2-4　　　　　　数字金融发展对财富较低人群的收入影响

项目	(1) OLS	(2) FE
数字普惠金融指数 × 低财富	-0.0010 *** (0.000)	-0.0008 * (0.000)
数字普惠金融指数	0.0076 *** (0.001)	0.0018 (0.003)
低财富	0.0524 (0.068)	0.0919 (0.090)
户主年龄	-0.0107 ** (0.005)	0.0050 (0.012)
户主年龄平方	0.0003 *** (0.000)	0.0000 (0.000)
户主男性	-0.0832 *** (0.024)	-0.0315 (0.054)
户主已婚	0.1367 *** (0.029)	0.0545 (0.063)
户主工作状态	0.4025 *** (0.026)	0.5207 *** (0.044)
户主健康情况	0.0607 *** (0.021)	0.0438 (0.032)
户主受教育年限	0.0915 *** (0.003)	0.0249 *** (0.008)

续表

项目	(1) OLS	(2) FE
家庭人口规模	– 0. 4603 *** (0. 026)	0. 0141 (0. 122)
劳动力比率	0. 1911 *** (0. 007)	0. 2517 *** (0. 013)
农村	0. 1411 *** (0. 035)	0. 1344 * (0. 074)
ln（家庭净资产）	0. 2097 *** (0. 009)	0. 1236 *** (0. 015)
观测值	88 679	88 679
R^2	0. 095	0. 030

注：*** 、** 、* 分别表示在 1%、5%、10% 的水平下显著，括号内为异方差稳健标准误。

2.3　数字金融对收入的影响

2.3.1　数字普惠金融发展分维度对收入的影响

有学者研究发现，数字金融的发展对创业有显著的促进作用，而且数字金融的覆盖广度、使用深度和数字化程度也均对创业有显著的促进作用（谢绚丽等，2018）。我们在现有文献和国际组织提出的传统普惠金融指标的基础上，综合传统金融服务和互联网金融服务新形势特征，结合数据的可得性和可靠性，从数字金融服务的覆盖广度、使用深度和数字化程度三个维度来构建数字普惠金融指标体系。因此，本节进一步从覆盖广度、使用深度和数字化程度三个维度来分析数字金融对家庭收入的影响。表 2 - 5 汇报了实证结果。由第（1）列和第（2）列可知 OLS 和 FE 的估计结果，数字金融覆盖广度对家庭收入有明显的促进作用，回归系数分别为 0. 0054 和 0. 0056，且在 1% 的置信水平下显著；由第（3）列和第（4）列可知，数字金融的使用深度也会对家庭收入有明显的促进作用，回归系数分别为

0.0067 和 0.0053，且在 1% 的置信水平下显著；由第（6）列可知，数字化使用程度对家庭收入仍有明显的促进作用，回归系数为 0.0031，且在 1% 的置信水平下显著。由此可见，从社会整体经济发展出发，数字金融的发展在便利社会、传递信息、增加就业机会等方面发挥了重大作用。数字金融的普及不仅给家庭提供了更多的保障，而且提高了居民收入、改善了居民生活质量。

表 2 - 5　　　　　　　　　数字普惠金融发展分维度对收入的影响

项目	（1） OLS	（2） FE	（3） OLS	（4） FE	（5） OLS	（6） FE
覆盖广度	0.0054 *** （0.000）	0.0056 *** （0.000）				
使用深度			0.0067 *** （0.001）	0.0053 *** （0.000）		
数字化程度					- 0.0026 *** （0.001）	0.0031 *** （0.000）
户主年龄	- 0.0105 ** （0.005）	0.0107 （0.012）	- 0.0122 ** （0.005）	0.0046 （0.012）	- 0.0144 *** （0.005）	0.0184 （0.012）
户主年龄平方	0.0003 *** （0.000）	- 0.0000 （0.000）	0.0003 *** （0.000）	0.0000 （0.000）	0.0003 *** （0.000）	- 0.0001 （0.000）
户主男性	- 0.0843 *** （0.024）	0.0093 （0.054）	- 0.0933 *** （0.024）	- 0.0331 （0.054）	- 0.1060 *** （0.024）	0.0275 （0.054）
户主已婚	0.1364 *** （0.029）	0.0455 （0.063）	0.1372 *** （0.029）	0.0589 （0.063）	0.1348 *** （0.029）	0.0351 （0.063）
户主工作状态	0.4001 *** （0.026）	0.5336 *** （0.044）	0.3967 *** （0.026）	0.5333 *** （0.043）	0.3880 *** （0.026）	0.5169 *** （0.044）
户主健康情况	0.0647 *** （0.021）	0.0495 （0.032）	0.0658 *** （0.021）	0.0545 * （0.032）	0.0725 *** （0.021）	0.0789 ** （0.032）
户主受教育年限	0.0917 *** （0.003）	0.0282 *** （0.008）	0.0939 *** （0.003）	0.0241 *** （0.008）	0.0957 *** （0.003）	0.0335 *** （0.008）
农村	- 0.4654 *** （0.025）	0.1203 （0.122）	- 0.4844 *** （0.025）	0.1305 （0.121）	- 0.5139 *** （0.025）	0.0635 （0.122）
家庭人口规模	0.1928 *** （0.007）	0.2058 *** （0.013）	0.1871 *** （0.007）	0.2421 *** （0.013）	0.1803 *** （0.007）	0.1972 *** （0.013）

续表

项目	(1) OLS	(2) FE	(3) OLS	(4) FE	(5) OLS	(6) FE
劳动力比率	0.1395 *** (0.035)	0.0475 (0.074)	0.1412 *** (0.035)	0.1279 * (0.074)	0.1459 *** (0.035)	-0.0251 (0.074)
ln（家庭净资产）	0.2370 *** (0.007)	0.1285 *** (0.013)	0.2419 *** (0.007)	0.1274 *** (0.013)	0.2505 *** (0.007)	0.1343 *** (0.013)
观测值	88 679	88 679	88 679	88 679	88 679	88 679
R^2	0.095	0.023	0.094	0.029	0.093	0.020

注：***、**、*分别表示在1%、5%、10%的水平下显著，括号内为异方差稳健标准误。

2.3.2　数字普惠金融发展分业务对收入的影响

在数字金融使用深度方面，主要从实际使用互联网金融服务的情况来衡量。就金融服务类型而言，包括支付服务、货币基金服务、信贷服务、保险服务、投资服务和信用服务。本节进一步从以上六类服务分析数字普惠金融对家庭收入的影响。表2-6使用OLS估计分别给出六类服务的实证结果。由第（1）列至第（6）列可知，在支付服务、货币基金服务、信贷服务、保险服务、投资服务和信用服务中使用数字金融均能对家庭收入发挥显著的促进作用。进一步分析，数字金融分业务的发展可能会通过增加就业机会和不同收入来源等增加居民收入。比较来看，在投资业务中数字金融发展对收入影响的促进作用最强，而在信用业务中的促进作用相对较低，侧面反映了投资业务高回报的特点。

表2-6　　　　　　数字普惠金融发展分业务对收入的影响

项目	(1) OLS	(2) OLS	(3) OLS	(4) OLS	(5) OLS	(6) OLS
支付业务	0.0034 *** (0.000)					
货币基金业务		0.0046 *** (0.001)				
信用业务			0.0019 *** (0.000)			

续表

项目	（1） OLS	（2） OLS	（3） OLS	（4） OLS	（5） OLS	（6） OLS
信贷业务				0. 0061 *** （0. 001）		
投资业务					0. 0064 *** （0. 001）	
保险业务						0. 0025 *** （0. 000）
户主年龄	− 0. 0126 *** （0. 005）	− 0. 0129 *** （0. 005）	− 0. 0084 （0. 006）	− 0. 0134 *** （0. 005）	− 0. 0085 （0. 006）	− 0. 0133 *** （0. 005）
户主年龄平方	0. 0003 *** （0. 000）	0. 0003 *** （0. 000）	0. 0002 *** （0. 000）	0. 0003 *** （0. 000）	0. 0002 *** （0. 000）	0. 0003 *** （0. 000）
户主男性	− 0. 0958 *** （0. 024）	− 0. 0979 *** （0. 025）	− 0. 0948 *** （0. 028）	− 0. 0993 *** （0. 024）	− 0. 0900 *** （0. 028）	− 0. 0983 *** （0. 024）
户主已婚	0. 1355 *** （0. 029）	0. 1272 *** （0. 030）	0. 1426 *** （0. 033）	0. 1372 *** （0. 029）	0. 1421 *** （0. 033）	0. 1359 *** （0. 029）
户主工作状态	0. 3956 *** （0. 026）	0. 4161 *** （0. 027）	0. 4153 *** （0. 030）	0. 3920 *** （0. 026）	0. 4180 *** （0. 030）	0. 3935 *** （0. 026）
户主健康情况	0. 0656 *** （0. 021）	0. 0695 *** （0. 022）	0. 0496 ** （0. 024）	0. 0702 *** （0. 021）	0. 0473 ** （0. 024）	0. 0677 *** （0. 021）
户主受教育年限	0. 0942 *** （0. 003）	0. 0941 *** （0. 003）	0. 0907 *** （0. 003）	0. 0944 *** （0. 003）	0. 0895 *** （0. 003）	0. 0948 *** （0. 003）
农村	− 0. 4918 *** （0. 025）	− 0. 4967 *** （0. 026）	− 0. 5697 *** （0. 030）	− 0. 5010 *** （0. 025）	− 0. 5524 *** （0. 030）	− 0. 4967 *** （0. 025）
家庭人口规模	0. 1854 *** （0. 007）	0. 1912 *** （0. 007）	0. 1867 *** （0. 008）	0. 1834 *** （0. 007）	0. 1902 *** （0. 008）	0. 1847 *** （0. 007）
劳动力比率	0. 1421 *** （0. 035）	0. 1271 *** （0. 036）	0. 1232 *** （0. 041）	0. 1447 *** （0. 035）	0. 1201 *** （0. 041）	0. 1431 *** （0. 035）
ln（家庭净资产）	0. 2436 *** （0. 007）	0. 2416 *** （0. 007）	0. 2563 *** （0. 008）	0. 2470 *** （0. 007）	0. 2540 *** （0. 008）	0. 2452 *** （0. 007）
观测值	88 679	84 072	63 118	88 503	63 118	88 679
R^2	0. 094	0. 094	0. 102	0. 093	0. 102	0. 094

注： *** 、** 分别表示在1% 、5%的水平下显著，括号内为异方差稳健标准误。

2.4　家庭创业与财富

2.4.1　数字金融与家庭创业

中小企业的融资环境凭借数字金融的发展得以改善，即数字金融在一定程度上缓解了中小企业融资非价格壁垒和成本高的问题（Boskov and Drakulevski，2018）。谢绚丽等（2018）对企业创业行为的研究发现，数字金融显著提升了企业创业的活跃度，且对较落后地区的企业及小微企业的鼓励创业作用更为显著。因此，数字金融可能通过促进家庭创业进一步提高家庭收入。本节基于模型（2－2）研究数字金融发展对家庭创业的影响，表2－7展示了估计结果。具体来看，第（2）列展示了FE估计结果，由第（2）列可知，数字金融的系数为0.0001，在1%的置信水平下显著，表明数字金融显著提高了家庭创业的可能，与谢绚丽等（2018）的研究发现一致。该结果表明，数字金融显著提高了家庭创业的可能，这可能与数字金融可以提高借贷便利、有效降低成本有关。

表2－7　　　　　　数字金融发展通过提高创业促进收入增加

项目	（1）OLS	（2）FE
数字普惠金融指数	－ 0. 0005 *** （0. 000）	0. 0001 *** （0. 000）
户主年龄	－ 0. 0078 *** （0. 001）	－ 0. 0000 （0. 001）
户主年龄平方	0. 0000 *** （0. 000）	－ 0. 0000 （0. 000）
户主男性	0. 0043 （0. 003）	－ 0. 0003 （0. 005）
户主已婚	－ 0. 0045 （0. 003）	－ 0. 0131 ** （0. 006）

续表

项目	(1) OLS	(2) FE
户主工作状态	0.0833 *** (0.003)	0.0501 *** (0.004)
户主健康情况	0.0215 *** (0.003)	0.0047 (0.003)
户主受教育年限	− 0.0081 *** (0.000)	0.0007 (0.001)
农村	− 0.0795 *** (0.003)	0.0083 (0.012)
家庭人口规模	0.0165 *** (0.001)	0.0163 *** (0.001)
劳动力比率	0.0196 *** (0.004)	0.0156 ** (0.007)
ln（家庭净资产）	0.0464 *** (0.001)	0.0299 *** (0.001)
观测值	88 675	88 675
R^2	0.114	0.029

注：***、** 分别表示在 1%、5% 的水平下显著，括号内为异方差稳健标准误。

2.4.2　数字金融发展有助于提高财产性收入

研究表明，数字普惠金融的发展有助于缩小城乡收入差距（Ji et al.，2021），因为数字普惠融资可以弥补农村地区传统金融体系的不足，从而提高财产性收入。本节从财产性收入展开研究，表 2 - 8 报告了基于模型（2 - 3）研究的数字金融对家庭财产性收入的影响。具体来看，第（1）列和第（2）列展示了 OLS 和 FE 估计结果，数字金融的系数分别为 0.0058 和 0.0031，均在 1% 的置信水平下显著，表明数字金融显著提高了家庭财产性收入。随着普惠金融的发展，愈加多样化的金融产品可以满足不同投资者的投资需求，因此，更多的家庭参与金融市场，以期获取更多的财产性收入。

表2-8　　　　　　　　数字金融发展通过提高财产性收入

项目	(1) OLS	(2) FE
数字普惠金融指数	0.0058 *** (0.000)	0.0031 *** (0.000)
户主年龄	- 0.0099 *** (0.003)	0.0239 *** (0.008)
户主年龄平方	0.0001 *** (0.000)	- 0.0002 *** (0.000)
户主男性	- 0.1033 *** (0.018)	0.1259 *** (0.037)
户主已婚	- 0.0202 (0.019)	0.0221 (0.039)
户主工作状态	0.0456 *** (0.015)	- 0.0098 (0.021)
户主健康情况	0.0264 * (0.014)	0.0483 *** (0.018)
户主受教育年限	0.0685 *** (0.002)	0.0050 (0.004)
农村	- 0.0886 *** (0.010)	0.1144 ** (0.054)
家庭人口规模	- 0.0344 *** (0.003)	0.0112 * (0.006)
劳动力比率	- 0.0218 (0.023)	0.0418 (0.041)
ln（家庭净资产）	0.1776 *** (0.004)	0.0867 *** (0.005)
观测值	88 287	88 287
R^2	0.107	0.018

注：***、**、*分别表示在1%、5%、10%的水平下显著，括号内为异方差稳健标准误。

2.5　追踪样本、缩尾与使用滞后变量

2.5.1　对成功追踪三年样本进行分析

为进一步验证实验结果的可靠性，本节将对所涉及的三年样本进行合

并分析，并且得出了表 2 - 9 的实证结果。第（1）列和第（2）列展示了 OLS 和 FE 的估计结果，分别为 0.0080 和 0.0091，均在 1% 的置信水平下显著。结果表明，数字金融均对家庭收入具有显著的正向影响，这与本章研究发现一致，表明本章研究结果是稳健的。

表 2 - 9　　　　　　　　　　对成功追踪三年样本分析

项目	（1） OLS	（2） FE
数字普惠金融指数	0.0080 *** （0.001）	0.0091 *** （0.001）
户主年龄	- 0.0240 *** （0.007）	0.0018 （0.019）
户主年龄平方	0.0004 *** （0.000）	0.0001 （0.000）
户主男性	- 0.1258 *** （0.041）	- 0.1038 （0.087）
户主已婚	0.1352 *** （0.051）	- 0.0979 （0.105）
户主工作状态	0.5418 *** （0.047）	0.6854 *** （0.077）
户主健康情况	0.0581 （0.036）	0.0404 （0.052）
户主受教育年限	0.0999 *** （0.005）	0.0327 ** （0.014）
农村	- 0.4781 *** （0.045）	0.2074 （0.193）
家庭人口规模	0.2088 *** （0.012）	0.2700 *** （0.024）
劳动力比率	0.1420 ** （0.061）	- 0.1102 （0.146）
ln（家庭净资产）	0.2239 *** （0.012）	0.1269 *** （0.021）
观测值	26 724	26 724
R^2	0.114	0.038

注：*** 、** 分别表示在 1% 、5% 的水平下显著，括号内为异方差稳健标准误。

2.5.2　对收入进行缩尾

为了增加文章的可信度，本节对家庭收入进行1%的缩尾，得到表2－10的实证结果，由第（1）列OLS估计结果及第（2）列FE估计结果可知，数字金融均对家庭收入具有显著的促进作用，回归系数分别为0.0073和0.0057，均在1%的置信水平下显著，同样表明本章的研究结果是稳健的。

表2－10　　　　　　　　　　对收入进行1%的缩尾

项目	（1） OLS	（2） FE
数字普惠金融指数	0.0073 *** （0.001）	0.0057 *** （0.000）
户主年龄	− 0.0108 ** （0.005）	0.0074 （0.012）
户主年龄平方	0.0003 *** （0.000）	− 0.0000 （0.000）
户主男性	− 0.0860 *** （0.024）	− 0.0064 （0.054）
户主已婚	0.1371 *** （0.029）	0.0534 （0.063）
户主工作状态	0.3998 *** （0.026）	0.5382 *** （0.044）
户主健康情况	0.0643 *** （0.021）	0.0471 （0.032）
户主受教育年限	0.0924 *** （0.003）	0.0258 *** （0.008）
农村	− 0.4700 *** （0.025）	0.1536 （0.122）
家庭人口规模	0.1913 *** （0.007）	0.2155 *** （0.013）
劳动力比率	0.1402 *** （0.035）	0.0848 （0.074）

续表

项目	(1) OLS	(2) FE
ln（家庭净资产）	0.2379 *** (0.007)	0.1258 *** (0.013)
观测值	88 679	88 679
R^2	0.095	0.026

注：*** 、** 分别表示在 1% 、5% 的水平下显著，括号内为异方差稳健标准误。

2.5.3　滞后两期数字金融指数

本节将白变量数字普惠金融指数滞后两期进行最小二乘法和面板固定效应模型估计。由表 2 - 11 可知，回归系数分别为 0.0083 和 0.0057，且在 1% 的置信水平下显著，数字普惠金融对家庭收入具有显著的正向影响，表明本章研究结果是稳健的。

表 2 - 11　　　　　　　改变自变量滞后两期数字金融指数

项目	(1) OLS	(2) FE
数字普惠金融指数	0.0083 *** (0.001)	0.0057 *** (0.000)
户主年龄	- 0.0103 (0.006)	0.0216 (0.020)
户主年龄平方	0.0002 *** (0.000)	- 0.0001 (0.000)
户主男性	- 0.0868 ** (0.035)	0.0253 (0.085)
户主已婚	0.1470 *** (0.039)	0.0426 (0.100)
户主工作状态	0.3419 *** (0.035)	0.4563 *** (0.061)
户主健康情况	0.0689 ** (0.028)	0.0233 (0.047)

续表

项目	(1) OLS	(2) FE
户主受教育年限	0.0857 *** (0.004)	0.0163 (0.012)
农村	− 0.5211 *** (0.033)	0.0497 (0.296)
家庭人口规模	0.1834 *** (0.009)	0.1456 *** (0.018)
劳动力比率	0.2268 *** (0.047)	0.2087 * (0.121)
ln（家庭净资产）	0.2367 *** (0.010)	0.0926 *** (0.021)
观测值	45 005	45 005
R^2	0.102	0.018

注：***、**、* 分别表示在1%、5%、10%的水平下显著，括号内为异方差稳健标准误。

2.6　本章小结

　　本章利用 2013 ～ 2017 年中国家庭金融调查数据（CHFS）和 2011 ～ 2018 年"北京大学中国数字普惠金融指数"（PKU DFIC）的数据，探讨了数字金融发展对家庭收入的影响及其影响路径。研究发现，数字金融发展对居民收入产生了显著的有利影响。异质性分析发现，数字金融发展在农村地区和财富收入较低人群中影响更大。因此，数字金融发展刺激经济增长的地域及群体分布广泛。进一步分析实证结果表明，数字金融通过扩大人口就业空间、提高财产性收入，促进家庭收入增加。通过追踪三年样本、缩尾1%的收入、滞后两期数字金融指数三种方法进行稳健性检验，结果表明本章的研究发现是稳健的。

　　本章阐述了数字金融发展对居民收入的机制，不足之处在于，没有进一步研究数字金融发展与人口收入分配之间的关系，我们将在未来的研究中分析这一方面。此外，研究数字金融发展和收入差距也是一个有趣的话题，未来可以进一步对此展开研究。

第 3 章

数字金融与家庭消费

3.1　理解消费

3.1.1　消费现状

近年来，家庭居民消费水平对促进社会经济发展的贡献越来越明显。国家统计数据表明，即使受新冠疫情影响，2020 年我国居民消费支出占GDP 的比重仍高达 54.3%。党的十九大报告也指出：将促进经济发展提高居民消费水平摆在更加重要的位置，旨在解决人民日益增长的美好生活需要和不平衡不充分的发展之间的矛盾。

数字经济在中国呈现出持续性的发展态势。据国家统计局统计，2021年我国实物商品网上零售额首次突破 10 万亿元，达 108 042 亿元；2020 年实物商品网上零售额 97 590 亿元，按可比口径计算，比上年增长 14.8%；2019 年我国实物商品网上零售额 85 239 亿元，按可比口径计算，比上年增长 19.5%。由此可见，我国数字经济呈现出不断发展的态势。特别值得注意的是，2020 年以来，我国数字金融发展表现突出。

党的二十大报告中提出：着力扩大内需，增强消费对经济发展的基础性作用。此后中央多次会议中都提及消费对于经济发展的基础和推动作用，持续促进我国居民消费提高和升级已经成为我国实现经济增长不可或缺的一步。家庭信贷能够帮助家庭平滑各个时期的消费支出。近年来，我国迈进新消费时代，居民消费有效提高的重要原因之一便是家庭信贷的获得，而数字金融的发展能够不断降低家庭信贷的获得难度。数字金融使农民和老年人等特殊群体有享受金融服务的机会（何宗樾和宋旭光，2020），因此，数字金融发展能够提高家庭福利，促进经济发展。

本章使用 2011～2017 年中国家庭金融调查数据和中国数字普惠金融发展指数相结合，使用面板固定效应估计，研究数字金融对家庭消费的影响及其作用机制。研究发现，数字金融可以显著促进家庭消费的提高。进一步的分析表明，数字金融的发展促进了家庭享乐型、生存型和发展型消费；数字金融的覆盖广度、使用程度和数字化程度均对家庭消费有着显著的正向影响；支付业务、货币基金业务、信用业务、信贷业务、投资业务和保险业务这六类数字金融服务的提高显著促进了家庭消费的增加。异质性分析发现，农村、低财富、低教育和信贷约束均在数字金融对家庭消费影响中有显著的促进作用。机制检验发现，数字金融通过影响家庭收入而影响家庭消费。两种稳健性检验结果表明，本章的研究发现是稳健的。

3.1.2　文献综述

大量文献表明，个人或家庭的消费与收入——绝对收入、相对收入、收入波动性、收入不平等等相关（Duesenberry，1949；Leijonhufvud，1967；Gorbachev，2011；Meyer and Sullivan，2013）。传统的消费理论则倾向于从跨期消费平滑角度分析消费的影响因素（Duesenberry，1949；Palley，2010）。

数字金融依托于互联网、云计算等新兴技术的发展，逐渐成为普惠发展的主流。数字金融的普惠性因其低成本、高覆盖优势打破了金融服务在时间和空间上的限制（吴晓求，2015），降低了金融服务的成本（王国刚等，2015），缓解了金融排斥，同时也可能对家庭居民信用卡的使用产生积极的影响。数字金融因其便利支付、缓解家庭信贷约束上的优势，在促进家庭创业、促进家庭更好地享受金融服务方面发挥了重要作用。在数字金融与家庭创业行为研究中，数字金融的发展不仅缓解了信贷约束（张龙耀和张海宁，2013），降低了创业成本，还通过影响家庭个体的风险偏好，显著促进了家庭创业（尹志超等，2015）。在数字金融与家庭负债方面，数字金融显著提升了家庭负债水平和家庭债务杠杆比率，数字金融通过流动性约束、非理性支出和便捷化交易来促进家庭负债规模（陈宸等，2022）。

金融发展为家庭消费提供基础，现有文献研究数字金融发展对家庭消费的影响。数字金融发展可以通过缓解支付心理账户的痛苦（Prelec and Loewenstein，1998；Dupas and Robinson，2013）降低支付透明度（Raghubir and Srivastava，2008），促进家庭消费。支付心理账户解释了数字金融发展的信用消费可促进家庭消费。普雷莱克和洛温斯坦（1998）认为，消费决策有消费效用的心理账户和支付痛苦的心理账户，当消费效用大于支付痛苦时消费决策发生，支付与消费分离时间越久，心理成本越低，对发生支付的厌恶越低。杜帕斯和罗宾森（2013）认为，数字金融发展带来的移动支付提供理财服务，吸收部分储蓄，随后放弃资金的储蓄心理标签而用作消费。数字金融发展和移动支付的使用，促进了线上交易的发展（李继尊，2015；张勋等，2020），以一种便捷支付方式提高消费便捷性（谢绚丽等，2018），从而促进家庭消费。易行健和周利等（2018）认为，数字金融通过缓解流动性约束和便利居民支付两个方面促进了居民的家庭消费。

本章使用 2011～2017 年中国家庭金融调查数据和中国数字普惠金融发展指数相结合，研究数字金融对家庭消费的影响及其作用机制，进一步检验了数字金融对家庭消费结构的影响，以及数字金融发展分维度和数字金融发展分业务对家庭消费的影响。本章考察了农村、低财富、高教育和信贷约束在数字金融中对家庭消费的异质性影响。

3.1.3　理论分析

数字金融影响家庭消费的理论框架可参考张（Zhang，2013）提出的互联网消费模型（the internet consumption model，ICM）。在该模型下，数字金融可以通过互联网的可用性（perceived usefulness，PU）和易用性（perceived ease of use，PEU）影响线上消费，对线下消费也会产生类似的影响。互联网金融通过影响消费倾向和偏好，与家庭支付能力共同影响家庭消费行为。

数字金融发展可以通过缓解支付心理账户的痛苦，降低支付透明度，促进家庭消费。支付心理账户解释了数字金融发展的信用消费可促进消费，数字金融发展带来的移动支付能够提供理财服务，吸收部分储蓄，随后放弃资金的储蓄心理标签而用作消费。数字金融发展和移动支付的使用，以一种更便捷的方式促进了线上交易的发展，提高消费便捷性，促进家庭消费。参考迪顿（Deaton，1991）的研究，假设家庭消费效用最大化问题为：

$$E_t \Big[\sum_{\tau=t}^{\infty} \beta^{t-\tau} U(C_\tau) \Big]$$

其中，E_t 是期望，$U(C_\tau)$ 是满足 $U'(\,\cdot\,) \geq 0$ 且 $U''(\,\cdot\,) \leq 0$ 的效用函数，β 是主观贴现因子，C_τ 是时期 τ 的消费。

约束条件为：

$$A_{t+1} = (1 + r_{t+1})(A_t + Y_t - C_t)$$

其中，A_{t+1} 是时期 $t+1$ 的财富，r_{t+1} 是时期 $t+1$ 的利率，A_t 是时期 t 的财富，Y_t 是时期 t 的收入，C_t 是时期 t 的消费。假设效用函数为相对风险厌恶型效用函数，且利率相对稳定不变。

根据霍尔（Hall，1988）的研究，效用最优条件可以表示为：

$$U'(C_\tau) = \beta E_t (1 + r_{t+1}) U'(C_{\tau+1})$$

因此，家庭最优消费水平为：

$$C_t = \Big[1 - \frac{\beta^\sigma (1 + r)^\sigma}{1 + r} \Big] \Big[(1 + r)(A_{t-1} - C_{t-1}) + \sum_{\tau=t}^{\infty} \Big(\frac{1}{1 + r} \Big)^{\tau-t} Y_\tau \Big]$$

在关注数字金融对家庭消费的影响时，可考虑数字金融包含电子账户、支付等内容，降低时间成本，将闲暇时间引入效用函数（McCallum and Goodfriend，1988；易行健和周利，2018）进行分析，求解家庭效用最大化问题：

$$E_t \left[\sum_{\tau = t}^{\infty} \beta^{t-\tau} U(C_t, L_t) \right]$$

约束条件为：

$$A_{t+1} + M_{t+1} = (1 + r_{t+1})(A_t + Y_t - C_t) + M_t$$

其中，M_t 为时期 t 的储蓄，L_t 为时期 t 的闲暇时间。家庭用于消费的时间为 S_t，闲暇时间为 $L_t = 1 - S_t$。消费所用时间 S_t 与 C_t 呈正相关，与储蓄呈负相关。

3.2　研究设计

3.2.1　数据与变量

本章将中国数字普惠金融发展指数与中国家庭金融调查（CHFS）2011 年、2013 年、2015 年和 2017 年四年的数据进行合并作为实证检验的数据集。其中 CHFS 在全国 28 个省份（不含新疆、西藏、内蒙古，以及港澳台地区）采用与人口规模成比例（PPS）的抽样方法，抽中 80 个县、市、区；在每个县、市、区抽出四个社区（村/居委会）；最后，在每个社区，采用地图地址法绘出住宅分布图，然后随机抽取 20～50 户家庭，采用计算机辅助调查系统（computer assisted personal interview，CAPI）进行入户访问。CHFS 询问家庭的消费情况，为本章研究数字金融对家庭消费的影响提供数据研究基础。其中，中国数字普惠金融发展指数采用了蚂蚁集团的交易账户大数据，由北京大学数字金融研究中心和蚂蚁集团共同研制，被广泛应用于分析中国数字金融发展程度，具有相当的代表性和可靠性。在数据处理方面，剔除了一些数据不全以及合并过程中不相匹配的家庭数据，最后样本规模为 88 679。

其一，家庭消费。本章研究数字金融发展对家庭消费的影响，被解释变量为家庭消费。参考何宗樾和宋旭光（2020）的研究，将每个家庭的当期消费支出对数定义为家庭消费。根据 CHFS 提供的数据，使用的家庭消费为家庭总消费性支出，包含了食品、日常用品、交通通信、教育、医疗和文化娱乐支出等，单位为元。进一步的分析中将消费细分为享受型、生存型、发展型家庭消费，考察数字金融对家庭不同类型消费的影响。在稳健性检验中，为降低极端值的干扰，对家庭消费进行上下 1% 的缩尾处理。

其二，数字金融发展。本章主要关注的解释变量为数字金融发展，选取中国数字普惠金融发展指数作为数字金融发展的代理变量，直接采用各地级市层面的中国数字普惠金融发展指数衡量中国数字普惠金融的发展。

其三，其他变量。参照以往的文献，选取的控制变量包括：户主特征变量（年龄、性别、婚姻状况、工作状态、健康情况、受教育年限）、家庭特征变量（家庭人口规模、家庭劳动力比率、家庭净资产）和地区特征变量（省份、城乡）。数据处理上，本章剔除变量中存在缺失值的样本，保留样本量为 88 679 户家庭。表 3 - 1 汇报了样本中变量描述性统计结果。从被解释变量来看，我国家庭消费支出均值为 52 024.69 元。从解释变量来看，我国数字普惠金融指数均值达到 183.66。家庭净资产和消费支出的均值和标准差较大，一方面表明社会整体财富的增加和消费水平提高；另一方面也表明不同家庭的财富水平与家庭消费水平都存在较大差异。

表 3 - 1　　　　　　　　　主要变量的描述性统计

变量	观测数	平均值	标准差	最小值	最大值
消费支出（元）	88 679	52 024.6900	70 989.4600	0	2 905 646
数字普惠金融指数	88 679	183.6590	53.6636	26.74	285.43
户主年龄	88 679	53.1164	14.1926	17	117
户主男性	88 679	0.7836	0.4118	0	1
户主已婚	88 679	0.8632	0.3436	0	1
户主工作状态	88 679	0.6760	0.4680	0	1
户主健康情况	88 679	0.4217	0.4938	0	1
户主受教育年限	88 679	9.1789	4.2497	0	22
农村	88 679	0.3521	0.4776	0	1
家庭人口规模	88 679	3.4377	1.6304	1	19
家庭劳动力比率	88 679	0.6206	0.3482	0	1
家庭净资产（元）	88 679	737 016.4000	1 560 841.0000	0	5.6200e + 07

3.2.2 模型设定

本章将使用 CHFS 面板数据，实证检验数字金融对家庭消费的影响。将模型设定为：

$$\ln(\text{Consumption})_{it} = \alpha + \beta\text{Digital}_{it} + X_{it}\gamma + c_i + \varepsilon_{it} \qquad (3-1)$$

其中，$\ln(\text{Consumption})_{it}$ 表示家庭 i 在 t 期的负债总额对数值。Digital_{it} 是家庭 i 在 t 期的数字金融发展情况。X_{it} 包括家庭户主特征变量、家庭特征变量及农村等宏观特征变量，c_i 是不随时间变化的混淆变量，ε_{it} 是误差项。

为分析数字金融对家庭消费的影响机制，本章考察了数字金融对家庭收入的影响，机制检验模型设定为：

$$\ln(\text{Income})_{it} = \alpha + \beta\text{Digital}_{it} + X_{it}\gamma + c_i + \varepsilon_{it} \qquad (3-2)$$

其中，$\ln(\text{Income})_{it}$ 表示家庭 i 在 t 期的收入情况。X_{it} 包括家庭户主特征变量、家庭特征变量及农村等宏观特征变量，c_i 是不随时间变化的混淆变量，ε_{it} 是误差项。

3.2.3 基准结果

易行健和周利（2018）发现，数字普惠金融的发展能够显著促进我国居民消费。本节首先使用模型（3-1）估计了数字金融对家庭消费的影响，表 3-2 报告了详细的回归结果。从估计结果可知，在控制家庭特征、户主特征和地区特征等变量后，数字金融发展能够显著促进家庭消费的增长。第（1）列使用普通最小二乘法进行估计，第（2）列使用面板固定效应模型进行估计，面板固定效应估计可以消除不随时间变化的混淆变量。由第（1）列可知，数字金融发展对家庭消费的估计系数为 0.0044，在 1% 置信水平下显著，表明数字金融每提高 1%，能够显著促使家庭消费提高 0.44%。第（2）列使用面板固定效应，消除潜在不随时间变化的混淆变量对估计结果的偏误影响，估计系数为 0.0047，在 1% 的置信水平下显著，表明数字金融显著促进家庭消费的提高。此研究发现与易行健和周利等（2018）的研究结论一致。由此，数字金融发展可以显著促进企业生产，从而达到产品多元化的目的，进而带动消费多元化，同时线上选购以及配送的服务极大地方便了人们的日常生活，增加了居民的消费选择。

表3-2   数字金融与家庭消费

项目	(1) OLS	(2) FE
数字金融	0.0044 *** (0.000)	0.0047 *** (0.000)
户主年龄	-0.0204 *** (0.001)	-0.0198 *** (0.003)
户主年龄平方	0.0001 *** (0.000)	0.0001 *** (0.000)
户主男性	-0.0320 *** (0.006)	0.0230 * (0.013)
户主已婚	0.1862 *** (0.009)	0.0666 *** (0.018)
户主工作状态	-0.1104 *** (0.006)	-0.0179 * (0.010)
户主健康情况	-0.0122 ** (0.005)	-0.0363 *** (0.007)
户主受教育年限	0.0328 *** (0.001)	0.0072 *** (0.002)
农村	-0.2844 *** (0.006)	-0.0655 * (0.037)
家庭人口规模	0.1121 *** (0.002)	0.1193 *** (0.004)
劳动力比率	0.0921 *** (0.009)	0.0679 *** (0.019)
ln（家庭净资产）	0.1785 *** (0.002)	0.0959 *** (0.005)
省份	控制	
年份	控制	控制
样本量	88 679	88 679
Adj. R^2	0.446	0.180

注：*** 、* 分别表示在1%、10%的水平下显著，括号内为异方差稳健标准误。

3.3　数字金融对消费的影响

3.3.1　数字金融发展对不同类型消费的影响

凌等（Ling et al.，2018）在稳健性检验中将样本区分为可见性消费和不可见性消费。可见性消费包括在服装、住房、交通、教育和培训、耐用品和奢侈品方面的支出，不可见性消费包括对医疗保健和转移费用的支出等。查尔斯等（Charles et al.，2009）用服务、珠宝和汽车的消费来衡量可见性消费，以可见性消费来衡量炫耀性消费。进一步，参考以往文献将消费划分为享受型消费（包括交通运输、通信支出与家庭设备支出）、生存型消费（包括衣着支出、食品支出与居住支出）和发展型消费（包括文教娱乐消费支出与医疗保健消费支出），随后检验了数字金融发展对家庭消费结构的影响，表 3 - 3 报告了估计结果。第（1）列、第（3）列、第（5）列使用普通最小二乘法进行估计，第（2）列、第（4）列、第（6）列使用面板固定效应模型进行估计。第（1）列至第（6）列的估计结果表明，数字金融的发展对家庭享乐型消费、生存型消费和发展型消费都有显著的促进作用，即数字金融的不断发展，不仅增加了家庭生存型消费与发展型消费，使得家庭消费水平普遍提高，同时家庭也将更多的资金投入交通、通信与家庭设备等享乐型消费中，转变其消费结构和模式，促进消费升级。

表 3 - 3　　　　数字金融发展对不同类型消费的影响

项目	（1） OLS	（2） FE	（3） OLS	（4） FE	（5） OLS	（6） FE
	享受型消费	享受型消费	生存型消费	生存型消费	发展型消费	发展型消费
数字金融	0.0042 *** （0.000）	0.0027 *** （0.000）	0.0043 *** （0.000）	0.0027 *** （0.000）	0.0064 *** （0.001）	0.0197 *** （0.000）
户主年龄	- 0.0173 *** （0.002）	0.0017 （0.005）	- 0.0111 *** （0.001）	- 0.0105 *** （0.003）	- 0.0695 *** （0.005）	- 0.1702 *** （0.014）

续表

项目	(1) OLS	(2) FE	(3) OLS	(4) FE	(5) OLS	(6) FE
	享受型消费	享受型消费	生存型消费	生存型消费	发展型消费	发展型消费
户主年龄平方	−0.0000 * (0.000)	−0.0001 ** (0.000)	0.0000 ** (0.000)	0.0000 (0.000)	0.0004 *** (0.000)	0.0015 *** (0.000)
户主男性	−0.0135 (0.010)	0.0359 * (0.020)	−0.0258 *** (0.006)	0.0272 ** (0.013)	−0.2053 *** (0.025)	−0.1401 *** (0.054)
户主已婚	0.1999 *** (0.013)	0.0760 *** (0.028)	0.1877 *** (0.008)	0.0915 *** (0.018)	0.3302 *** (0.032)	0.1015 (0.073)
户主工作状态	0.0321 *** (0.010)	0.0469 *** (0.015)	−0.1235 *** (0.007)	−0.0037 (0.010)	−0.0920 *** (0.025)	−0.0499 (0.044)
户主健康情况	0.0471 *** (0.008)	−0.0482 *** (0.011)	0.0432 *** (0.005)	−0.0206 *** (0.007)	−0.4048 *** (0.020)	−0.0210 (0.032)
户主受教育年限	0.0432 *** (0.001)	0.0115 *** (0.003)	0.0269 *** (0.001)	0.0039 * (0.002)	0.1002 *** (0.003)	0.0186 ** (0.008)
农村	−0.1670 *** (0.009)	−0.1684 *** (0.054)	−0.3590 *** (0.006)	−0.1175 *** (0.035)	−0.4340 *** (0.024)	0.2550 * (0.138)
家庭人口规模	0.1432 *** (0.003)	0.1495 *** (0.005)	0.0935 *** (0.002)	0.0994 *** (0.004)	0.2956 *** (0.007)	0.4054 *** (0.015)
劳动力比率	0.3199 *** (0.014)	0.2544 *** (0.029)	0.0740 *** (0.009)	0.0782 *** (0.019)	−0.6131 *** (0.036)	−0.8080 *** (0.084)
ln（家庭净资产）	0.2368 *** (0.003)	0.1419 *** (0.006)	0.1631 *** (0.002)	0.0996 *** (0.005)	0.2581 *** (0.007)	0.1200 *** (0.014)
省份	控制		控制		控制	
年份	控制	控制	控制	控制	控制	控制
样本量	88 679	88 679	88 679	88 679	88 679	88 679
Adj. R^2	0.408	0.085	0.408	0.098	0.238	0.144

注：***、**、*分别表示在1%、5%、10%的水平下显著，括号内为异方差稳健标准误。

3.3.2　数字金融发展分维度对消费的影响

郭峰等（2020）指出，数字普惠金融的发展可以通过交易账户数目的增加、互联网金融服务的深化以及金融服务的便利化和成本的降低程度来体现，可见，数字金融的发展具有多维度特征。因此，本节进一步从数字金融发展的不同维度考察其对我国居民消费的影响。表 3 - 4 报告了将覆盖广度、使用深度和数字化程度作为解释变量的回归结果。回归结果表明，数字金融的覆盖广度和使用深度对消费影响的 OLS 和 FE 估计结果都显著为正，但数字金融数字化程度对消费影响的 OLS 估计结果并不显著，只有FE 回归显著，说明数字金融的覆盖广度和使用深度两个子指标均对居民消费有显著的促进作用，而数字金融的数字化程度只有在固定时间的条件下才会对居民消费出现显著的正向促进作用。

表 3 - 4　　　　　　　数字金融发展分维度对消费的影响

项目	(1) OLS	(2) FE	(3) OLS	(4) FE	(5) OLS	(6) FE
覆盖广度	0.0030 *** (0.000)	0.0053 *** (0.000)				
使用深度			0.0041 *** (0.000)	0.0031 *** (0.000)		
数字化程度					0.0001 (0.000)	0.0037 *** (0.000)
户主年龄	-0.0204 *** (0.001)	-0.0198 *** (0.003)	-0.0213 *** (0.001)	-0.0154 *** (0.003)	-0.0225 *** (0.001)	-0.0162 *** (0.003)
户主年龄平方	0.0001 *** (0.000)	0.0001 *** (0.000)	0.0001 *** (0.000)	0.0001 *** (0.000)	0.0001 *** (0.000)	0.0001 *** (0.000)
户主男性	-0.0317 *** (0.006)	0.0301 ** (0.013)	-0.0362 *** (0.006)	0.0219 (0.013)	-0.0437 *** (0.006)	0.0402 *** (0.013)
户主已婚	0.1858 *** (0.009)	0.0651 *** (0.018)	0.1863 *** (0.009)	0.0583 *** (0.018)	0.1854 *** (0.009)	0.0630 *** (0.018)
户主工作状态	-0.1107 *** (0.006)	-0.0145 (0.010)	-0.1123 *** (0.006)	-0.0356 *** (0.010)	-0.1171 *** (0.006)	-0.0199 ** (0.010)
户主健康情况	-0.0117 ** (0.005)	-0.0439 *** (0.007)	-0.0114 ** (0.005)	-0.0132 * (0.007)	-0.0079 (0.005)	-0.0281 *** (0.007)
户主受教育年限	0.0326 *** (0.001)	0.0071 *** (0.002)	0.0337 *** (0.001)	0.0105 *** (0.002)	0.0350 *** (0.001)	0.0094 *** (0.002)
农村	-0.2836 *** (0.006)	-0.0580 (0.037)	-0.2928 *** (0.006)	-0.1531 *** (0.037)	-0.3118 *** (0.006)	-0.0550 (0.037)

续表

项目	(1) OLS	(2) FE	(3) OLS	(4) FE	(5) OLS	(6) FE
家庭人口规模	0.1124 *** (0.002)	0.1119 *** (0.004)	0.1096 *** (0.002)	0.1315 *** (0.004)	0.1051 *** (0.002)	0.1028 *** (0.004)
劳动力比率	0.0919 *** (0.009)	0.0622 *** (0.019)	0.0926 *** (0.009)	0.0370 * (0.020)	0.0963 *** (0.009)	0.0260 (0.019)
ln（家庭净资产）	0.1785 *** (0.002)	0.0951 *** (0.005)	0.1809 *** (0.002)	0.1032 *** (0.005)	0.1860 *** (0.002)	0.0959 *** (0.005)
省份	控制		控制		控制	
年份	控制	控制	控制	控制	控制	控制
样本量	88 679	88 679	88 679	88 679	88 679	88 679
Adj. R^2	0.446	0.185	0.444	0.148	0.441	0.173

注：***、**、*分别表示在1%、5%、10%的水平下显著，括号内为异方差稳健标准误。

3.3.3　数字金融发展分业务对消费的影响

郭峰等（2020）认为，数字金融服务类型可以细分为支付服务、货币基金服务、信贷服务、保险服务、投资服务和信用服务。因此，本节实证考察数字金融发展分业务对消费的影响。表3-5展示了支付业务、货币基金业务、信用业务、信贷业务、投资业务和保险业务对家庭消费的影响，回归结果均显著。第（1）列至第（6）列OLS的估计结果表明，各类数字金融服务水平的提高都显著促进了家庭消费的增加，说明数字金融从各个业务模块以及整体的发展来看都提高了家庭的消费，即数字金融提升了家庭消费水平。

表3-5　　　　　　　　　数字金融发展分业务对消费的影响

项目	(1) OLS	(2) OLS	(3) OLS	(4) OLS	(5) OLS	(6) OLS
支付业务	0.0020 *** (0.000)					
货币基金业务		0.0030 *** (0.000)				

续表

项目	（1） OLS	（2） OLS	（3） OLS	（4） OLS	（5） OLS	（6） OLS
信用业务			0.0012 *** （0.000）			
信贷业务				0.0040 *** （0.000）		
投资业务					0.0034 *** （0.000）	
保险业务						0.0017 *** （0.000）
户主年龄	− 0.0216 *** （0.001）	− 0.0212 *** （0.001）	− 0.0196 *** （0.001）	− 0.0220 *** （0.001）	− 0.0199 *** （0.001）	− 0.0219 *** （0.001）
户主年龄平方	0.0001 *** （0.000）	0.0001 *** （0.000）	0.0001 *** （0.000）	0.0001 *** （0.000）	0.0001 *** （0.000）	0.0001 *** （0.000）
户主男性	− 0.0380 *** （0.006）	− 0.0386 *** （0.006）	− 0.0442 *** （0.007）	− 0.0414 *** （0.006）	− 0.0425 *** （0.007）	− 0.0389 *** （0.006）
户主已婚	0.1853 *** （0.009）	0.1851 *** （0.009）	0.1857 *** （0.010）	0.1861 *** （0.009）	0.1855 *** （0.010）	0.1855 *** （0.009）
户主工作状态	− 0.1131 *** （0.006）	− 0.1028 *** （0.007）	− 0.1013 *** （0.007）	− 0.1139 *** （0.006）	− 0.1003 *** （0.007）	− 0.1140 *** （0.006）
户主健康情况	− 0.0113 ** （0.005）	− 0.0119 ** （0.005）	− 0.0211 *** （0.006）	− 0.0092 * （0.005）	− 0.0217 *** （0.006）	− 0.0104 ** （0.005）
户主受教育年限	0.0340 *** （0.001）	0.0330 *** （0.001）	0.0329 *** （0.001）	0.0344 *** （0.001）	0.0324 *** （0.001）	0.0342 *** （0.001）
农村	− 0.2980 *** （0.006）	− 0.2867 *** （0.006）	− 0.2844 *** （0.007）	− 0.3026 *** （0.006）	− 0.2775 *** （0.007）	− 0.2995 *** （0.006）
家庭人口规模	0.1084 *** （0.002）	0.1102 *** （0.002）	0.1114 *** （0.002）	0.1068 *** （0.002）	0.1127 *** （0.002）	0.1084 *** （0.002）
劳动力比率	0.0933 *** （0.009）	0.0919 *** （0.009）	0.0800 *** （0.010）	0.0942 *** （0.009）	0.0789 *** （0.010）	0.0936 *** （0.009）
ln（家庭净资产）	0.1821 *** （0.002）	0.1798 *** （0.002）	0.1718 *** （0.002）	0.1830 *** （0.002）	0.1713 *** （0.002）	0.1826 *** （0.002）
省份	控制		控制		控制	

续表

项目	(1) OLS	(2) OLS	(3) OLS	(4) OLS	(5) OLS	(6) OLS
年份	控制	控制	控制	控制	控制	控制
样本量	88 679	84 072	63 118	88 503	63 118	88 679
Adj. R^2	0.443	0.432	0.407	0.443	0.408	0.443

注：***、**、*分别表示在1%、5%、10%的水平下显著，括号内为异方差稳健标准误。

3.4 城乡、财富、教育水平的异质性

3.4.1 数字金融对家庭消费影响的城乡异质性

中国目前依旧存在着差异较大的两类群体，即城镇居民和农村居民（何宗樾和宋旭光，2020），因此，数字金融对家庭消费的影响可能存在城乡异质性。本节在模型中加入了数字金融和农村的交互项，使用普通最小二乘法、面板固定效应估计方法得到估计结果，如表3-6所示。从估计结果中可以发现，数字普惠金融指数和农村的交互项的估计系数均为0.0011，且均在1%的置信水平下显著，表明农村家庭在数字金融对家庭消费中有显著的促进作用。对此可能的解释是，我国家庭金融可得性存在着明显的城乡差异，农村家庭可能比城镇家庭容易以更低成本获得更多的金融服务，由此导致数字发展对农村地区家庭信贷约束的缓解作用显著大于对城镇地区家庭的作用。

表3-6   数字金融对家庭消费影响的城乡异质性

项目	(1) OLS	(2) FE
数字金融	0.0041 *** (0.000)	0.0010 (0.001)
数字金融×农村	0.0011 *** (0.000)	0.0011 *** (0.000)

续表

项目	(1) OLS	(2) FE
户主年龄	-0.0206 *** (0.001)	-0.0183 *** (0.003)
户主年龄平方	0.0001 *** (0.000)	0.0001 *** (0.000)
户主男性	-0.0320 *** (0.006)	0.0362 *** (0.013)
户主已婚	0.1856 *** (0.009)	0.0656 *** (0.018)
户主工作状态	-0.1092 *** (0.006)	-0.0122 (0.010)
户主健康情况	-0.0108 ** (0.005)	-0.0454 *** (0.007)
户主受教育年限	0.0328 *** (0.001)	0.0072 *** (0.002)
农村	-0.4870 *** (0.019)	-0.2273 *** (0.042)
家庭人口规模	0.1125 *** (0.002)	0.1118 *** (0.004)
劳动力比率	0.0934 *** (0.009)	0.0664 *** (0.019)
ln（家庭净资产）	0.1788 *** (0.002)	0.0961 *** (0.005)
省份	控制	
年份	控制	控制
样本量	88 679	88 679
Adj. R^2	0.447	0.187

注：***、** 分别表示在 1%、5% 的水平下显著，括号内为异方差稳健标准误。

3.4.2　数字金融对家庭消费影响的低财富异质性

本节进一步考察低财富在数字金融对家庭消费影响中的作用，在模型中加入了数字金融和低财富的交互项，使用普通最小二乘法、面板固定效应估计方法得到估计结果，如表3－7所示。从估计结果可以发现，数字金融和低财富的交互项的估计系数分别为0.0015和0.0017，均在1%的置信水平下显著，表明低财富在数字金融对家庭消费影响中有显著的促进作用。对此可能的解释是，我国家庭的金融需求存在着明显的财富差异，低财富家庭可能更需要金融服务的帮助来进一步改善家庭的生活，因此，数字金融对低财富家庭消费的促进作用显著大于高财富家庭。

表3－7　　　　　　数字金融对家庭消费影响的财富异质性

项目	(1) OLS	(2) FE
数字金融	0.0035 *** (0.000)	0.0011 (0.001)
低财富	－ 0.3958 *** (0.019)	－ 0.3573 *** (0.024)
数字金融×低财富	0.0015 *** (0.000)	0.0017 *** (0.000)
户主年龄	－ 0.0198 *** (0.001)	－ 0.0167 *** (0.003)
户主年龄平方	0.0001 *** (0.000)	0.0001 *** (0.000)
户主男性	－ 0.0311 *** (0.006)	0.0346 *** (0.013)
户主已婚	0.1871 *** (0.009)	0.0689 *** (0.018)
户主工作状态	－ 0.1084 *** (0.006)	－ 0.0129 (0.010)
户主健康情况	－ 0.0135 *** (0.005)	－ 0.0444 *** (0.007)
户主受教育年限	0.0322 *** (0.001)	0.0072 *** (0.002)
农村	－ 0.2696 *** (0.006)	－ 0.0578 (0.036)

续表

项目	(1) OLS	(2) FE
家庭人口规模	0.1120 *** (0.002)	0.1114 *** (0.004)
劳动力比率	0.0923 *** (0.009)	0.0679 *** (0.019)
ln（家庭净资产）	0.1580 *** (0.003)	0.0857 *** (0.006)
省份	控制	
年份	控制	控制
样本量	88 679	88 679
Adj. R^2	0.450	0.191

注：*** 分别表示在1%的水平下显著，括号内为异方差稳健标准误。

3.4.3 数字金融对家庭消费影响的高教育异质性

本节进一步考察家庭教育在数字金融对家庭消费影响中的作用，在模型中加入了数字金融和高教育水平的交互项，使用普通最小二乘法、面板固定效应估计方法得到估计结果，如表3-8所示。从估计结果可以发现，数字金融和高教育水平的交互项的估计系数均为-0.0011，且均在1%的置信水平下显著，表明高教育水平在数字金融对家庭消费影响中有显著的抑制作用。对此可能的解释是，受过高教育水平的群体对新型数字金融领域存在更高的警惕性，因此，相较于低教育群体，高教育群体对数字金融带来的便捷消费更加谨慎。

表3-8　　　数字金融对家庭消费影响的教育异质性

项目	(1) OLS	(2) FE
数字金融	0.0051 *** (0.000)	0.0018 ** (0.001)
高教育	0.4220 *** (0.019)	0.2381 *** (0.029)

续表

项目	(1) OLS	(2) FE
数字金融×高教育	− 0. 0011 *** (0. 000)	− 0. 0011 *** (0. 000)
户主年龄	− 0. 0211 *** (0. 001)	− 0. 0182 *** (0. 003)
户主年龄平方	0. 0001 *** (0. 000)	0. 0001 *** (0. 000)
户主男性	− 0. 0070 (0. 006)	0. 0416 *** (0. 013)
户主已婚	0. 2002 *** (0. 009)	0. 0689 *** (0. 018)
户主工作状态	− 0. 1132 *** (0. 006)	− 0. 0139 (0. 010)
户主健康情况	− 0. 0084 * (0. 005)	− 0. 0455 *** (0. 007)
农村	− 0. 3007 *** (0. 006)	− 0. 0681 * (0. 037)
家庭人口规模	0. 1093 *** (0. 002)	0. 1113 *** (0. 004)
劳动力比率	0. 0876 *** (0. 009)	0. 0626 *** (0. 019)
ln（家庭净资产）	0. 1869 *** (0. 002)	0. 0963 *** (0. 005)
省份	控制	
年份	控制	控制
样本量	88 679	88 679
Adj. R^2	0. 442	0. 187

注：***、**、*分别表示在1%、5%、10%的水平下显著，括号内为异方差稳健标准误。

3. 4. 4　数字金融对家庭消费影响的信贷约束异质性

赛尔德斯（Zeldes，1989）指出，信贷约束会对消费产生影响。霍尔姆（Holm，2018）发现，家庭对流动性约束的反应是减少消费。因此，本节关心信贷约束在数字金融对家庭消费影响中的作用，在模型中加入了数字金融和信贷约束的交互项，信贷约束是指家庭存在申请过被拒和估计贷款申请不会被批准的情况，不能从银行或信用社申请贷款获取所需资金。本节使用普通最小二乘法和面板固定效应估计方法得到估计结果，如表 3 – 9 所示。从表 3 – 9 的两列估计结果可以发现，数字普惠金融指数和信贷约束的交互项的估计系数分别为 0.0023 和 0.0010，分别在 1% 和 5% 的置信水平下显著，表明受到信贷约束的家庭会在数字金融对家庭消费影响方面产生显著的促进作用。

表 3 – 9　　　　　数字金融对家庭消费影响的信贷约束异质性

项目	(1) OLS	(2) FE
数字金融	0.0043 *** （0.000）	0.0046 *** （0.000）
信贷约束	– 0.3430 *** （0.063）	– 0.1889 *** （0.071）
数字金融 × 信贷约束	0.0023 *** （0.000）	0.0010 ** （0.001）
户主年龄	– 0.0204 *** （0.001）	– 0.0198 *** （0.003）
户主年龄平方	0.0001 *** （0.000）	0.0001 *** （0.000）
户主男性	– 0.0321 *** （0.006）	0.0230 * （0.013）
户主已婚	0.1863 *** （0.009）	0.0665 *** （0.018）
户主工作状态	– 0.1100 *** （0.006）	– 0.0174 * （0.010）
户主健康情况	– 0.0122 ** （0.005）	– 0.0362 *** （0.007）

续表

项目	(1) OLS	(2) FE
农村	0.0328 *** (0.001)	0.0071 *** (0.002)
家庭人口规模	− 0.2837 *** (0.006)	− 0.0632 * (0.036)
劳动力比率	0.1121 *** (0.002)	0.1191 *** (0.004)
ln（家庭净资产）	0.0920 *** (0.009)	0.0678 *** (0.019)
省份	控制	
年份	控制	控制
样本量	88 679	88 679
Adj. R^2	0.446	0.181

注：***、**、*分别表示在1%、5%、10%的水平下显著，括号内为异方差稳健标准误。

3.5 家庭收入与消费

3.5.1 机制检验

张勋等（2019）实证研究发现，中国的数字金融能够显著提高家庭收入，因此，数字金融可能通过影响家庭收入进而对家庭消费产生影响。本节将从家庭收入的角度实证检验数字金融影响家庭消费的内在机制。表 3 - 10 基于模型（3 - 2）得到数字金融对家庭消费影响的实证结果。第（1）列使用 OLS 得到在 1% 的置信水平下估计系数显著为负，但第（2）列使用 FE 得到数字金融影响家庭消费的估计结果，估计系数为 0.0130，在 10% 的置信水平下显著为正，表明消除潜在不随时间变化的混淆变量对估计结果的偏误影响下，数字金融的发展显著促进家庭收入的提高。

表 3 - 10　　　　　　　　　　　数字金融与家庭收入

项目	(1) OLS	(2) FE
数字金融	- 0. 0109 *** (0. 003)	0. 0130 * (0. 007)
户主年龄	0. 0002 *** (0. 000)	- 0. 0001 (0. 000)
户主年龄平方	- 0. 0669 *** (0. 016)	0. 0336 (0. 030)
户主男性	0. 2009 *** (0. 021)	0. 0200 (0. 041)
户主已婚	0. 4657 *** (0. 019)	0. 5826 *** (0. 029)
户主工作状态	0. 0518 *** (0. 012)	0. 0147 (0. 017)
户主健康情况	0. 0769 *** (0. 002)	0. 0143 *** (0. 005)
户主受教育年限	- 0. 2394 *** (0. 014)	0. 0285 (0. 061)
农村	0. 1905 *** (0. 004)	0. 2080 *** (0. 008)
家庭人口规模	0. 1566 *** (0. 022)	0. 1587 *** (0. 043)
劳动力比率	0. 2788 *** (0. 005)	0. 1542 *** (0. 008)
ln（家庭净资产）	- 0. 0109 *** (0. 003)	0. 0130 * (0. 007)
省份	控制	
年份	控制	控制
样本量	87 468	87 468
Adj. R^2	0. 226	0. 082

注：***、* 分别表示在 1%、10% 的水平下显著，括号内为异方差稳健标准误。

3.5.2 稳健性检验

为了使估计结果更具稳健性，本节对追踪成功的三年的样本进行分析，样本量从 88 679 户家庭缩减到 26 724 户家庭。表 3 - 11 汇报了使用 OLS 和 FE 估计数字金融对家庭消费影响的结果，结果表明，在 1% 的置信水平下，数字金融对家庭消费存在显著的正向影响。第（2）列的面板固定效应估计中数字金融每增加 1%，家庭消费将会增加 0.37%。与前述发现一致，证明了本章研究结果具有稳健性。

表 3 - 11   对成功追踪三年样本分析

项目	（1） OLS	（2） FE
数字金融	0.0047 *** （0.000）	0.0037 *** （0.000）
户主年龄	- 0.0213 *** （0.002）	- 0.0127 ** （0.005）
户主年龄平方	0.0001 *** （0.000）	0.0001 （0.000）
户主男性	- 0.0366 *** （0.011）	- 0.0027 （0.024）
户主已婚	0.1906 *** （0.015）	0.0950 *** （0.031）
户主工作状态	- 0.0928 *** （0.012）	- 0.0101 （0.018）
户主健康情况	- 0.0164 * （0.009）	- 0.0465 *** （0.012）
户主受教育年限	0.0331 *** （0.001）	0.0056 （0.004）
农村	- 0.2609 *** （0.011）	- 0.0545 （0.083）
家庭人口规模	0.1196 *** （0.003）	0.1243 *** （0.007）

续表

项目	(1) OLS	(2) FE
劳动力比率	0.1034 *** (0.016)	0.1183 *** (0.035)
ln（家庭净资产）	0.1774 *** (0.004)	0.0895 *** (0.008)
省份	控制	
年份	控制	控制
样本量	26 724	26 724
Adj. R^2	0.435	0.111

注：***、**、*分别表示在1%、5%、10%的水平下显著，括号内为异方差稳健标准误。

　　为了进一步排除由样本极端值导致的估计偏差，在基准回归基础上，对家庭消费进行上下1%的缩尾。表3-12报告了回归结果，具体而言，在第（1）列和第（2）列 OLS 和 FE 回归结果中，数字金融的估计系数分别为0.0043和0.0045，均在1%的置信水平下显著，经过缩尾处理后的研究发现与基准回归结果一致，表明数字金融发展能够显著促进家庭消费的提高。

表3-12　　　　　　　　　对家庭消费进行1%的缩尾

项目	(1) OLS	(2) FE
数字金融	0.0043 *** (0.000)	0.0045 *** (0.000)
户主年龄	− 0.0212 *** (0.001)	− 0.0172 *** (0.003)
户主年龄平方	0.0001 *** (0.000)	0.0001 *** (0.000)
户主男性	− 0.0355 *** (0.006)	0.0214 * (0.012)
户主已婚	0.1799 *** (0.008)	0.0561 *** (0.016)
户主工作状态	− 0.1060 *** (0.006)	− 0.0106 (0.009)

续表

项目	(1) OLS	(2) FE
户主健康情况	- 0.0099 ** (0.005)	- 0.0358 *** (0.007)
户主受教育年限	0.0321 *** (0.001)	0.0074 *** (0.002)
农村	- 0.2837 *** (0.006)	- 0.0561 * (0.030)
家庭人口规模	0.1100 *** (0.002)	0.1141 *** (0.003)
劳动力比率	0.0921 *** (0.009)	0.0626 *** (0.018)
ln（家庭净资产）	0.1703 *** (0.002)	0.0888 *** (0.003)
省份	控制	
年份	控制	控制
样本量	88 679	88 679
Adj. R^2	0.456	0.183

注：***、**、*分别表示在1%、5%、10%的水平下显著，括号内为异方差稳健标准误。

3.6　本章小结

　　家庭消费是社会消费的基础，其对于释放内需潜力、促进经济高质量发展均有着重要影响。同时，在构建以国内大循环为主的过程中，深入了解影响居民消费变化的机制，有利于推进居民消费增长。本章将2011～2017年中国家庭金融调查数据和中国数字普惠金融发展指数相结合，研究数字金融对家庭消费的影响及其作用机制，进一步检验了数字金融对家庭消费结构的影响，并且分维度、分业务探讨了数字金融发展对我国家庭消费的影响。

　　基准结果表明，数字金融显著促进家庭消费的提高。进一步的分析表明，数字金融的发展促进了家庭享乐型、生存型和发展型消费；数字金融的覆盖广度、使用深度和数字化程度均对家庭消费有着显著的正向影响；支付业务、货币基金业务、信用业务、信贷业务、投资业务和保险业务这六类数字金融业务服务水平的提高显著促进了家庭消费的增加。异质性分析发现，农村、低财富和信贷约束均在数字金融对家庭消费影响中有显著的促进作用，而高教育在数字金融对家庭消费影响中有显著的抑制作用。机制检验发现，数字金融通过影响家庭收入影响家庭消费。两种稳健性检验结果表明，本章研究发现均具有稳健性。

基于研究发现，本章提出以下政策建议。

第一，将提升数字金融水平作为主要抓手，从覆盖广度、使用深度和数字化程度三个方面来提升数字金融发展水平。政府部门应进一步加强信息化服务建设，提升网络基础设施保障，同时可以通过加大金融知识的普及力度来提升家庭金融素养，以打破传统私人借贷束缚，丰富家庭融资渠道。

第二，大力提升家庭的数字水平，防范和化解"工具排斥"和"数字鸿沟"。一方面，政府部门加强对农村地区家庭、低财富家庭、低教育水平和受信贷约束家庭互联网知识的宣传力度，打破知识壁垒；另一方面，家庭居民也要积极使用互联网消费购物平台和移动支付，享受数字金融发展带来的红利。

第4章

数字金融与家庭储蓄

4.1 家庭储蓄现状

4.1.1 研究背景

从经济理论和国际经验看，储蓄在经济循环中是至关重要的一环，其对我国在复杂形势下构建新发展格局、推动经济高质量发展具有重要意义。而且，储蓄与居民的生活水平直接相关，在扎实推进共同富裕中能够发挥重要作用。因此，关注家庭储蓄问题对缓解疫情背景下我国经济压力具有重要意义。

本书使用 2011 年、2013 年、2015 年和 2017 年中国家庭金融调查数据，估算了我国居民家庭储蓄率。结果表明，2011~2015 年，我国居民家庭储蓄率呈现持续下降的趋势，由 2011 年的 0.32 降低到 2015 年的 0.26；但 2015~2017 年，我国居民家庭储蓄率开始呈现攀升的态势。

随着互联网技术的发展，数字金融给储蓄带来的影响不容小觑。本章在理论分析的基础上，将 2011~2017 年中国家庭金融调查数据和中国数字普惠金融发展指数相结合，使用最小二乘法和面板固定效应估计，研究数字金融对家庭储蓄的影响及其作用机制。研究发现，数字金融显著促进了家庭储蓄率的提高。进一步的分析表明，数字金融在不同维度上对家庭储蓄有着不同影响；支付业务、货币基金业务、信用业务、信贷业务、投资业务和保险业务这六类数字金融服务水平的提高显著促进了家庭储蓄的增加。异质性分析发现，城镇、高财富、高教育和高收入均在数字金融对家庭储蓄影响中有着显著的促进作用。机制检验发现，数字金融通过影响家庭收入和信贷约束来影响家庭储蓄。两种稳健性检验结果表明，本章的研究发现具有可信性。

4.1.2　文献综述

大量学者对家庭储蓄问题展开研究。格鲁伯和耶洛维茨（Gruber and Yelowitz，1999）研究发现，社会保险项目对家庭储蓄决策产生影响。何立新等（2008）利用城镇住户调查数据（CHIPS）发现，养老金财富对于家庭储蓄存在显著的替代效应。周俊山和尹银（2011）认为，国家计划生育政策能够影响家庭储蓄率。克拉伊（Kraay，2000）实证研究表明，对未来收入增长的预期和消费信贷约束是决定家庭储蓄的重要因素。易行健等（2014）指出，外出务工收入占家庭纯收入的比重对家庭储蓄率存在负效应。沈坤荣和谢勇（2012）研究发现，不确定性收入对城镇居民储蓄率有着显著的促进作用。刘生龙等（2012）发现，人口平均预期寿命与中国家庭储蓄率之间存在着显著的正相关关系。易行健等（2012）基于中国农村住户调查数据实证研究发现，家庭社会网络对农户储蓄率有显著的抑制作用。但少有文献研究数字金融对家庭储蓄的影响。

本章将从家庭货币需求角度分析家庭储蓄行为，从家庭收入和信贷约束两个方面探索数字金融对家庭储蓄行为的影响及作用机制。在家庭储蓄行为决策中，货币需求动机可用于解释家庭储蓄行为。数字金融可能通过便捷的移动支付和缓解家庭流动性约束来提升家庭边际消费倾向，缓解居民支付心理账户的损失，进而影响消费习惯，这将影响家庭对货币交易动机的需求。通过鼓励居民以数字金融形式参与金融市场，缓解家庭流动性约束，降低货币预防性储蓄动机，影响家庭对货币预防动机的需求，进而促进家庭收入的提高。数字金融通过投资和参与金融市场，降低投机动机的货币需求。在家庭收入上，尽管金融市场参与，如股票和基金参与，可能不会促进家庭收入的显著提高（廖理和张金宝，2011），但未深入讨论数字金融促进创业（谢绚丽等，2018）带来的收入增加。在家庭信贷约束上，有学者认为数字金融可以促进家庭消费（Dupas and Robinson，2013），如数字金融提高借贷便利性，缓解家庭流动性约束（易行健和周利，2018）。因此，本章将在理论分析的基础上构建实证模型，进一步分维度、分业务分析数字金融发展对家庭储蓄的影响。从城乡、财富、教育和收入角度分析数字金融对家庭储蓄影响的异质性，并分别研究数字金融对家庭收入以及对家庭信贷约束的影响，随后探索数字金融对家庭储蓄行为的影响及其作用机制。

4.1.3　理论分析

本章将参考尹志超等（2019）的研究，从货币需求角度分析家庭储蓄行为。基于家庭货币需求理论，本章分别从交易动机、预防动机和投机动机三个角度分析家庭货币需求，进而研究数字金融发展对家庭储蓄行为的影响和作用机制。数字金融发展可能通过便捷的移动支付和缓解家庭流动性约束来提升家庭边际消费倾向，缓解居民支付心理账户的损失，进而影响其消费习惯，这将影响家庭对货币交易动机的需求。通过鼓励家庭以数字金融形式参与金融市场可能促进家庭收入提高，通过缓解家庭流动性约束，降低货币预防性储蓄动机，影响家庭对货币预防动机的需求。数字金融发展通过投资和参与金融市场，降低投机动机的货币需求。本章内容从家庭货币需求动机出发，明确数字金融发展对家庭储蓄的作用路径。

家庭的货币需求动机有交易动机、预防动机和投机动机。本章内容将讨论家庭因交易动机和投机动机所产生的货币需求对家庭储蓄的影响。凯恩斯的货币需求公式为：

$$M = M_1 + M_2 = L_1(Y) + L_2(r)$$

其中，M 是家庭货币需求，M_1 是关于收入 Y 的交易性货币需求，M_2 是关于利率 r 的投机性货币需求。

根据鲍莫尔－托宾模型（Baumol, 1952；Tobin, 1956），家庭持有货币会存在利息损失，在均衡持币成本和持币使用需求的条件下，确定最优持币规模。

假设家庭每期收入完全用于消费。若家庭每期收入为 Y，期间平均持币金额为 Y/2。当全部以无风险利率为 i 持有货币时，每期持币成本为 Y/2×i。若家庭使用金融资产，如货币基金等形式，避免利息损失带来的持币成本时，家庭承担一定的交易成本 c。假设家庭在一定时刻将金融资产 S 出售（即交易性货币需求），家庭使用金融资产变现次数为 Y/S。该最优问题的解为利息收入成本和交易成本之和最小。

利息收入成本为：

$$C_1 = \frac{S}{2} \times i$$

金融资产交易成本为：

$$C_2 = \frac{Y}{S} \times c$$

总成本为：

$$C = C_1 + C_2 = \frac{S}{2} \times i + \frac{Y}{S} \times c$$

最优条件为：

$$\frac{\partial C}{\partial S} = 0$$

现金使用总成本最小时，货币持有量为：

$$S^* = \sqrt{\frac{2cY}{i}}$$

这表明，交易性货币需求与收入和交易费用正相关，与利率负相关。

现金使用总成本为：

$$C = \frac{\sqrt{\frac{2cY}{i}}}{2} \times i + \frac{Y}{\sqrt{\frac{2cY}{i}}} \times c = \sqrt{2cYi}$$

数字金融包含移动支付等低交易成本的资金流转方式，并且也可以通过作为一种替代现金的支付方式来降低交易成本。假设每期数字金融使用成本为 d，家庭收入使用数字金融的成本为 dY。那么，当家庭对现金和数字金融使用的无差异偏好时，现金成本与数字金融使用成本相等。数字金融的使用成本影响家庭货币持有，表现为：

$$\sqrt{2cYi} = dY$$

本章已经讨论因交易动机和投机动机产生的货币需求与数字金融的关系。接下来，本章将继续讨论货币预防性现金需求与数字金融的关系。

假设家庭参与金融市场，并且所持有的资产收益是已知的。家庭收入 Y 将由现金持有和金融资产之间给出使用家庭收入的金融决策决定，考虑到短期出售金融资产获得货币的行为有一定的成本，即惩罚成本。因此，金融资产出售的成本将包括利息收入成本、手续费成本和惩罚成本。

利息收入成本是指持有金融资产应获得的收益，即：

$$C_1 = r_{Fin} M$$

其中，r_{Fin} 是持有金融资产的收益率，M 是家庭持有的现金货币。

手续费成本是指出售金融资产时所支付的费用，即：

$$C_2 = c\frac{Y}{W}$$

其中，c 是每次出售金融资产时的交易费用，W 是出售金融资产后的现金货币。

惩罚成本为：

$$C_3 = \beta p(N > M)$$

其中，β 是出售金融资产的惩罚成本，N 是支出减收入的净支付，$p(N > M)$ 是支付惩罚成本的概率。

因此，成本函数可以写为：

$$C = C_1 + C_2 + C_3 = r_{Fin} M + c\frac{Y}{W} + \beta p(N > M)$$

假设家庭持有现金货币 M 等于 kσ，σ 是净支付 N 的标准差，有 $p(-k\sigma < N < k\sigma) \geq 1 - 1/k^2$。因此，$p(N > M) \leq 1/k^2$。假设家庭的风险厌恶促使家庭选择的货币持有量为 $p(N > M)$ 的最大值，有 $p(N > M) = 1/k^2 = 1/(M/\sigma)^2 = \sigma^2/M^2$。

因此，成本函数可以写为：

$$C = r_{Fin}M + c\frac{Y}{W} + \beta\sigma^2/M^2$$

假设每期出售金融资产带来的现金货币完全用于消费，即在期初为 W，期末为 M。因此，M = W/2。

所以：

$$C = r_{Fin}M + \frac{cY}{2M} + \frac{\beta\sigma^2}{M^2}$$

因此，可得到一阶条件为：

$$\frac{\partial C}{\partial M} = r_{Fin} - \frac{cY}{2M^2} - \frac{\beta\sigma^2}{M^3} = 0$$

考虑数字金融的货币基金、移动支付，如支付宝钱包、微信钱包和中国人民银行所提供的数字货币等电子货币可以作为现金货币的替代货币。假设数字金融所提供的数字货币的利率为 r_d，同时假设数字货币可完全替代现金货币，即家庭不再持有现金货币，而选择持有数字货币。

因此，成本函数可以写为：

$$C = (r_{Fin} - r_d)M + c\frac{Y}{W} + \beta p(N > M)$$

类似地，可以推导出在数字金融发展下，持有数字货币最优的一阶条件为：

$$\frac{\partial C}{\partial M} = r_{Fin} - r_d - \frac{cY}{2M^2} - \frac{\beta\sigma^2}{M^3} = 0$$

根据货币持有的最优解，可以分析预防性现金持有需求与数字金融的关系。对比两种情况下的最优解也可以发现，数字金融所带来的数字货币因其收益性和潜在的低交易成本，可以促使家庭更偏向于持有数字货币。

4.2　家庭储蓄率

4.2.1　研究设计

本章将中国数字普惠金融发展指数与中国家庭金融调查（CHFS）

2011 年、2013 年、2015 年和 2017 年四年的数据进行合并作为实证检验的数据集。其中 CHFS 数据样本分布于 29 个省份、367 个县（区、县级市）、1 481 个社区，覆盖了 40 011 户家庭和 127 012 名个体，包含了人口统计特征和家庭特征，具有全国、省级和副省级城市代表性。CHFS 数据于 2011 年、2013 年、2015 年和 2017 年依次有 8 438 户、28 141 户、37 289 户和 40 011 户家庭。CHFS 询问家庭的收入与消费情况，为本章研究数字金融与家庭储蓄之间的关系提供数据研究基础。其中，中国数字普惠金融发展指数采用了蚂蚁集团的交易账户大数据，由北京大学数字金融研究中心和蚂蚁集团共同研制，被广泛应用于分析中国数字金融发展程度，具有一定的代表性和可靠性。在数据处理方面，剔除了一些数据不全以及合并过程中不相匹配的家庭数据，最后样本规模为 87 442 户家庭。

其一，家庭储蓄。本章研究数字金融发展对家庭储蓄的影响，被解释变量为家庭储蓄。参考尹志超和张诚（2019）的研究，将每个家庭的收入与消费之差与家庭收入的比值定义为家庭储蓄率，从家庭储蓄率的角度分析数字金融对家庭储蓄的影响。其中，家庭收入包括工资收入、财产收入、转移性收入等，单位为元；消费支出包含了食品、日常用品、交通通信、教育、医疗和文化娱乐支出等，单位为元。

其二，数字金融发展。本章的主要关注解释变量为数字金融发展。本章选取中国数字普惠金融发展指数作为数字金融发展的代理变量，直接采用各地级市层面的中国数字普惠金融发展指数衡量中国数字普惠金融的发展。

其三，其他变量。本章参照以往的文献，选取的控制变量包括：户主特征变量（年龄、性别、婚姻状况、工作状态、健康情况、受教育年限）、家庭特征变量（家庭人口规模、家庭劳动力比率、家庭净资产）和地区特征变量（省份、城乡）。数据处理上，本章剔除变量中存在缺失值的样本，保留样本量为 87 442 户家庭。表 4 - 1 汇报了样本中变量描述性统计结果。从被解释变量来看，我国家庭储蓄率均值为 23 574.96 元，最大值为 8 421 552 元，最小值为负，不同家庭表现出较大的财富差异。从解释变量来看，我国数字普惠金融指数均值达到 183.9116。此外，家庭平均净资产 740 756.2 元，可见，家庭可支配资产整体上升，标准差较大为 1 564 645，可以考虑是由于不同家庭存放资产方式呈现多元化，导致家庭净资产数值差别较大。

表 4-1 主要变量的描述性统计

变量	观测数	平均值	标准差	最小值	最大值
家庭储蓄率	87 442	23 574. 9600	163 962. 8000	-2. 7491e+06	8 421 552. 0000
数字普惠金融指数	87 442	183. 9116	53. 7058	26. 7400	285. 4300
户主年龄	87 442	53. 1399	14. 1698	17	117
户主男性	87 442	0. 7854	0. 4106	0	1
户主已婚	87 442	0. 8645	0. 3423	0	1
户主工作状态	87 442	0. 6803	0. 4663	0	1
户主健康情况	87 442	0. 4221	0. 4939	0	1
户主受教育年限	87 442	9. 1931	4. 2461	0	22
农村	87 442	0. 3538	0. 4782	0	1
家庭人口规模	87 442	3. 4466	1. 6295	1	19
家庭劳动力比率	87 442	0. 6200	0. 3479	0	1
家庭净资产（元）	87 442	740 756. 2000	1 564 645. 0000	0. 0000	5. 6200e+07

4.2.2 模型设定

本章将使用 CHFS 面板数据，实证检验数字金融对家庭消费的影响。本章将模型设定为：

$$Saving\_rate_{it} = \alpha + \beta Digital_{it} + X_{it}\gamma + c_i + \varepsilon_{it} \qquad (4-1)$$

其中，$Saving\_rate_{it}$ 表示家庭 i 在 t 期的储蓄率。$Digital_{it}$ 是家庭 i 在 t 期的数字金融发展情况。X_{it} 包括家户主特征变量、家庭特征变量及农村等宏观特征变量，c_i 是不随时间变化的混淆变量，ε_{it} 是误差项。

为分析数字金融对家庭消费的影响机制，本章考察了数字金融对家庭收入以及家庭信贷约束的影响，机制检验模型设定为：

$$\ln(Income)_{it} = \alpha + \beta Digital_{it} + X_{it}\gamma + c_i + \varepsilon_{it} \qquad (4-2)$$

$$Credit\_constraint_{it} = \alpha + \beta Digital_{it} + X_{it}\gamma + c_i + \varepsilon_{it} \qquad (4-3)$$

其中，$\ln(Income)_{it}$ 表示家庭 i 在 t 期的收入情况。$Credit\_constraint_{it}$ 表示家庭 i 在 t 期是否受到信贷约束。X_{it} 包括家户主特征变量、家庭特征变量及农村等宏观特征变量，c_i 是不随时间变化的混淆变量，ε_{it} 是误差项。

4.2.3　基准结果

本节先使用模型（4-1）估计了数字金融对家庭储蓄的影响，表4-2报告了详细的回归结果。由表4-2第（1）列可知，数字金融对家庭储蓄在1%的置信水平下具有显著的正向影响，回归系数为0.0004，表示数字金融发展每增加1%，家庭储蓄将增加0.04%。第（2）列FE检验消除潜在不随时间变化的混淆变量对估计结果的偏误影响后，其结果证明数字金融对家庭储蓄有显著的负向影响，即随着数字金融发展，家庭储蓄随之下降。这与数字金融通过便捷的移动支付和缓解家庭流动性约束，进而影响家庭对货币交易动机、预防性储蓄动机和投机动机的货币需求的预期一致，即数字金融发展会减少家庭储蓄行为。

表4-2　　　　　　　　　　数字金融与家庭储蓄

项目	(1) OLS	(2) FE
数字金融	0.0004*** (0.000)	-0.0002*** (0.000)
户主年龄	-0.0015*** (0.000)	0.0074*** (0.001)
户主年龄平方	0.0000*** (0.000)	-0.0001*** (0.000)
户主男性	-0.0056** (0.003)	-0.0038 (0.006)
户主已婚	0.0037 (0.003)	0.0102 (0.007)
户主工作状态	0.0572*** (0.003)	0.0538*** (0.004)
户主健康情况	0.0343*** (0.002)	0.0230*** (0.003)
户主受教育年限	0.0075*** (0.000)	0.0021** (0.001)

续表

项目	(1) OLS	(2) FE
农村	0.0057 ** (0.002)	0.0135 (0.013)
家庭人口规模	0.0126 *** (0.001)	0.0201 *** (0.001)
劳动力比率	0.0688 *** (0.004)	0.0586 *** (0.008)
ln（家庭净资产）	0.0158 *** (0.001)	0.0087 *** (0.001)
省份	控制	
年份	控制	控制
样本量	87 442	87 442
Adj. R^2	0.060	0.019

注：***、** 分别表示在 1%、5% 的水平下显著，括号内为异方差稳健标准误。

4.3　数字金融对储蓄的影响

4.3.1　数字金融发展分维度对家庭储蓄的影响

数字金融的发展具有多维度特征。郭峰等（2020）指出，数字普惠金融的发展可以通过交易账户数目的增加、互联网金融服务的深化以及金融服务的便利化和成本的降低程度来体现。因此，本节进一步从数字金融发展的不同维度考察其对我国居民储蓄的影响。表 4 - 3 将数字金融的三个子指标覆盖广度、使用深度和数字化程度作为主要解释变量的回归结果。回归结果表明，数字金融的三个子指标覆盖广度、使用深度和数字化程度对家庭储蓄的回归结果都是显著的。由第（2）列、第（3）列和第（6）列可知，数字金融发展分维度对家庭储蓄的影响均显著，其中，覆盖广度和数字化程度在 1% 的置信水平下显著为负，而使用深度在 5% 的置信水平下显著为正。这表明，数字金融的覆盖广度显著降低家庭储蓄，同时，数字化程度会显著增加家庭储蓄率降低的可能性，而使用深度则可能显著促进家庭储蓄的提高。

表4-3 数字金融发展分维度对家庭储蓄的影响

项目	(1) OLS	(2) FE	(3) OLS	(4) FE	(5) OLS	(6) FE
覆盖广度	0.0003 *** (0.000)	− 0.0003 *** (0.000)				
使用深度			0.0004 *** (0.000)	0.0000 ** (0.000)		
数字化程度					− 0.0001 ** (0.000)	− 0.0003 *** (0.000)
户主年龄	− 0.0015 *** (0.000)	0.0079 *** (0.001)	− 0.0016 *** (0.000)	0.0064 *** (0.001)	− 0.0017 *** (0.000)	0.0080 *** (0.001)
户主年龄平方	0.0000 *** (0.000)	− 0.0001 *** (0.000)	0.0000 *** (0.000)	− 0.0000 *** (0.000)	0.0000 *** (0.000)	− 0.0001 *** (0.000)
户主男性	− 0.0055 ** (0.003)	− 0.0032 (0.006)	− 0.0061 ** (0.003)	− 0.0067 (0.006)	− 0.0068 *** (0.003)	− 0.0031 (0.006)
户主已婚	0.0037 (0.003)	0.0095 (0.007)	0.0037 (0.003)	0.0124 * (0.007)	0.0036 (0.003)	0.0089 (0.007)
户主工作状态	0.0572 *** (0.003)	0.0526 *** (0.004)	0.0570 *** (0.003)	0.0565 *** (0.004)	0.0565 *** (0.003)	0.0520 *** (0.004)
户主健康情况	0.0343 *** (0.002)	0.0248 *** (0.003)	0.0344 *** (0.002)	0.0197 *** (0.003)	0.0348 *** (0.002)	0.0250 *** (0.003)
户主受教育年限	0.0074 *** (0.000)	0.0024 *** (0.001)	0.0076 *** (0.000)	0.0013 (0.001)	0.0077 *** (0.000)	0.0025 *** (0.001)
农村	0.0060 ** (0.002)	0.0079 (0.013)	0.0048 * (0.002)	0.0265 ** (0.013)	0.0030 (0.002)	0.0024 (0.013)
家庭人口规模	0.0127 *** (0.001)	0.0203 *** (0.001)	0.0123 *** (0.001)	0.0210 *** (0.001)	0.0119 *** (0.001)	0.0209 *** (0.001)
劳动力比率	0.0688 *** (0.004)	0.0550 *** (0.008)	0.0689 *** (0.004)	0.0691 *** (0.008)	0.0692 *** (0.004)	0.0541 *** (0.008)

续表

项目	(1) OLS	(2) FE	(3) OLS	(4) FE	(5) OLS	(6) FE
ln（家庭净资产）	0.0158 *** （0.001）	0.0092 *** （0.001）	0.0161 *** （0.001）	0.0076 *** （0.001）	0.0166 *** （0.001）	0.0096 *** （0.001）
省份	控制		控制		控制	
年份	控制	控制	控制	控制	控制	控制
样本量	87 442	87 442	87 442	87 442	87 442	87 442
Adj. R^2	0.060	0.020	0.060	0.018	0.060	0.022

注：*** 、** 、* 分别表示在1%、5%、10%的水平下显著，括号内为异方差稳健标准误。

4.3.2　数字金融发展分业务对家庭储蓄的影响

郭峰等（2020）认为，数字金融服务类型可以细分为支付服务、货币基金服务、信贷服务、保险服务、投资服务和信用服务。因此，本节实证考察数字金融发展分业务对储蓄的影响。表4-4汇报了支付业务、货币基金业务、信用业务、信贷业务、投资业务和保险业务对家庭储蓄的影响。第（1）列至第（6）列 OLS 估计结果表明，各类数字金融服务对家庭储蓄均有显著的正向影响，说明数字金融发展的各类分业务都显著促进了家庭储蓄的增加。

表 4-4　　数字金融发展分业务对家庭储蓄的影响

项目	(1) OLS	(2) OLS	(3) OLS	(4) OLS	(5) OLS	(6) OLS
支付业务	0.0003 *** （0.000）					
货币基金业务		0.0002 *** （0.000）				
信用业务			0.0002 *** （0.000）			
信贷业务				0.0002 ** （0.000）		

续表

项目	(1) OLS	(2) OLS	(3) OLS	(4) OLS	(5) OLS	(6) OLS
投资业务					0.0004 *** (0.000)	
保险业务						0.0001 *** (0.000)
户主年龄	- 0.0015 *** (0.000)	- 0.0017 *** (0.000)	- 0.0019 *** (0.001)	- 0.0017 *** (0.000)	- 0.0020 *** (0.001)	- 0.0016 *** (0.000)
户主年龄平方	0.0000 *** (0.000)	0.0000 *** (0.000)	0.0000 *** (0.000)	0.0000 *** (0.000)	0.0000 *** (0.000)	0.0000 *** (0.000)
户主男性	- 0.0059 ** (0.003)	- 0.0066 ** (0.003)	- 0.0052 * (0.003)	- 0.0064 ** (0.003)	- 0.0052 * (0.003)	- 0.0065 ** (0.003)
户主已婚	0.0036 (0.003)	0.0027 (0.003)	0.0044 (0.004)	0.0036 (0.003)	0.0043 (0.004)	0.0037 (0.003)
户主工作状态	0.0571 *** (0.003)	0.0574 *** (0.003)	0.0587 *** (0.003)	0.0565 *** (0.003)	0.0587 *** (0.003)	0.0567 *** (0.003)
户主健康情况	0.0342 *** (0.002)	0.0351 *** (0.002)	0.0392 *** (0.002)	0.0348 *** (0.002)	0.0393 *** (0.002)	0.0346 *** (0.002)
户主受教育年限	0.0075 *** (0.000)	0.0076 *** (0.000)	0.0075 *** (0.000)	0.0076 *** (0.000)	0.0075 *** (0.000)	0.0077 *** (0.000)
农村	0.0051 ** (0.002)	0.0027 (0.003)	0.0010 (0.003)	0.0036 (0.002)	0.0012 (0.003)	0.0037 (0.002)
家庭人口规模	0.0124 *** (0.001)	0.0131 *** (0.001)	0.0114 *** (0.001)	0.0121 *** (0.001)	0.0114 *** (0.001)	0.0121 *** (0.001)
劳动力比率	0.0688 *** (0.004)	0.0692 *** (0.004)	0.0648 *** (0.004)	0.0692 *** (0.004)	0.0648 *** (0.004)	0.0691 *** (0.004)
ln（家庭净资产）	0.0159 *** (0.001)	0.0163 *** (0.001)	0.0183 *** (0.001)	0.0165 *** (0.001)	0.0184 *** (0.001)	0.0164 *** (0.001)
省份	控制		控制		控制	
年份	控制	控制	控制	控制	控制	控制
样本量	87 442	82 906	62 398	87 276	62 398	87 442
Adj. R^2	0.060	0.060	0.069	0.060	0.069	0.060

注：***、**、* 分别表示在1%、5%、10%的水平下显著，括号内为异方差稳健标准误。

4.4　不同特征的家庭储蓄

4.4.1　数字金融对家庭储蓄影响的城乡异质性

城乡二元经济结构问题依旧是我国亟待解决的问题。何宗樾和宋旭光（2020）指出，中国目前依旧存在较大差异的两类群体，即城镇居民和农村居民。因此，本节在考察数字金融对家庭储蓄的影响时，将数字金融对家庭储蓄影响的城乡差异考虑其中。在模型（4-1）中加入了数字金融和农村的交互项，使用普通最小二乘法、面板固定效应估计方法得到估计结果，如表4-5所示。第（1）列和第（2）列的 OLS 回归和 FE 回归结果中数字金融和农村的交互项的估计系数均为 -0.0004，且在 1% 的置信水平下显著。结果表明，相比于农村地区家庭，城镇地区家庭的数字金融发展水平对家庭储蓄影响的作用更显著。

表 4-5　　　　　数字金融对家庭储蓄影响的城乡异质性

项目	（1） OLS	（2） FE
数字金融	0.0005 *** （0.000）	0.0001 （0.000）
数字金融 × 农村	- 0.0004 *** （0.000）	- 0.0004 *** （0.000）
户主年龄	- 0.0014 *** （0.000）	0.0069 *** （0.001）
户主年龄平方	0.0000 *** （0.000）	- 0.0000 *** （0.000）
户主男性	- 0.0056 ** （0.003）	- 0.0106 * （0.006）
户主已婚	0.0039 （0.003）	0.0107 （0.007）

续表

项目	(1) OLS	(2) FE
户主工作状态	0.0567 *** (0.003)	0.0515 *** (0.004)
户主健康情况	0.0338 *** (0.002)	0.0266 *** (0.003)
户主受教育年限	0.0075 *** (0.000)	0.0020 ** (0.001)
农村	0.0805 *** (0.008)	0.0639 *** (0.015)
家庭人口规模	0.0124 *** (0.001)	0.0254 *** (0.001)
劳动力比率	0.0683 *** (0.004)	0.0626 *** (0.008)
ln（家庭净资产）	0.0157 *** (0.001)	0.0091 *** (0.001)
省份	控制	
年份	控制	控制
样本量	87 442	87 442
Adj. R^2	0.062	0.031

注：***、**、*分别表示在1%、5%、10%的水平下显著，括号内为异方差稳健标准误。

4.4.2 数字金融对家庭储蓄影响的低财富异质性

本节进一步考察低财富在数字金融对家庭储蓄中的作用，在模型（4-1）中加入了数字金融和低财富的交互项。表4-6报告了使用普通最小二乘法、面板固定效应估计方法得到的估计结果。其中，第（1）列普通最小二乘法的估计结果显示，数字金融和低财富交互项的估计系数为-0.0004，在1%置信水平下显著。第（2）列面板固定效应估计结果显示，数字金融和低财富交互项的估计系数为-0.0006，在1%的置信水平下显著。这表明，相较于低财富家庭，高财富在数字金融对家庭储蓄影响中有显著的促进作用。对此可能的解释是，高财富家庭会有更多富余的资金参与数字金融的各项业务，进而提高自身储蓄。

表 4 - 6　　　　数字金融对家庭储蓄影响的财富异质性

项目	(1) OLS	(2) FE
数字金融	0. 0006 *** (0. 000)	0. 0001 (0. 000)
低财富	0. 0657 *** (0. 007)	0. 0975 *** (0. 010)
数字金融 × 低财富	- 0. 0004 *** (0. 000)	- 0. 0006 *** (0. 000)
户主年龄	- 0. 0016 *** (0. 000)	0. 0064 *** (0. 001)
户主年龄平方	0. 0000 *** (0. 000)	- 0. 0000 *** (0. 000)
户主男性	- 0. 0052 ** (0. 003)	- 0. 0099 * (0. 006)
户主已婚	0. 0035 (0. 003)	0. 0097 (0. 007)
户主工作状态	0. 0574 *** (0. 003)	0. 0519 *** (0. 004)
户主健康情况	0. 0338 *** (0. 002)	0. 0262 *** (0. 003)
户主受教育年限	0. 0074 *** (0. 000)	0. 0020 ** (0. 001)
农村	0. 0055 ** (0. 003)	0. 0028 (0. 013)
家庭人口规模	0. 0126 *** (0. 001)	0. 0255 *** (0. 001)
劳动力比率	0. 0690 *** (0. 004)	0. 0624 *** (0. 008)
ln（家庭净资产）	0. 0131 *** (0. 001)	0. 0088 *** (0. 002)

续表

项目	(1) OLS	(2) FE
省份	控制	
年份	控制	控制
样本量	87 442	87 442
Adj. R^2	0.062	0.033

注: *** 、** 、* 分别表示在 1% 、5% 、10% 的水平下显著，括号内为异方差稳健标准误。

4.4.3 数字金融对家庭储蓄影响的高教育异质性

家庭教育支出对我国消费具有显著的挤出效应（杨汝岱和陈斌开，2009）。家庭受教育程度可能会对家庭储蓄产生影响，因此，本节进一步考察家庭教育在数字金融对家庭储蓄中的作用。在模型（4-1）中加入了数字金融和高受教育水平的交互项，表4-7报告了使用普通最小二乘法、面板固定效应估计方法得到的估计结果。实证结果表明，数字金融发展水平对高受教育程度家庭的储蓄影响更大。具体而言，第（1）列OLS估计结果显示，数字金融和高受教育水平的交互项的估计系数为0.0003，在1%的置信水平下显著；第（2）列FE估计结果显示，数字金融和高受教育水平的交互项的估计系数为0.0004，在1%的置信水平下显著。这表明，相对于低教育群体，受过高等教育的群体更容易受数字金融发展的影响，进而提高其家庭储蓄水平。

表4-7 数字金融对家庭储蓄影响的教育异质性

项目	(1) OLS	(2) FE
数字金融	0.0004 *** (0.000)	-0.0001 (0.000)
高教育	-0.0140 * (0.008)	-0.0623 *** (0.012)
数字金融 × 高教育	0.0003 *** (0.000)	0.0004 *** (0.000)

续表

项目	(1) OLS	(2) FE
户主年龄	− 0.0015 *** (0.000)	0.0066 *** (0.001)
户主年龄平方	0.0000 *** (0.000)	− 0.0000 *** (0.000)
户主男性	0.0002 (0.003)	− 0.0070 (0.005)
户主已婚	0.0074 ** (0.003)	0.0106 (0.007)
户主工作状态	0.0560 *** (0.003)	0.0522 *** (0.004)
户主健康情况	0.0348 *** (0.002)	0.0269 *** (0.003)
农村	0.0001 (0.002)	0.0061 (0.013)
家庭人口规模	0.0119 *** (0.001)	0.0256 *** (0.001)
劳动力比率	0.0680 *** (0.004)	0.0635 *** (0.008)
ln（家庭净资产）	0.0174 *** (0.001)	0.0093 *** (0.001)
省份	控制	
年份	控制	控制
样本量	87 442	87 442
Adj. R^2	0.058	0.031

注：*** 、 ** 、 * 分别表示在1%、5%、10%的水平下显著，括号内为异方差稳健标准误。

4.4.4　数字金融对家庭储蓄影响的收入异质性

我国家庭部门可支配收入占比不断下降使得家庭储蓄率长期处于持续下降的趋势（李扬和殷剑峰，2007）。因此，本节检验收入在数字金融对家庭储蓄影响中的作用。在模型（4－1）中加入了数字金融和低收入的交互项，通过 OLS 和 FE 估计方法，得到估计结果如表4－8所示。第（1）列和第（2）列的结果显示，数字金融和低收入交互项的估计系数在1%的置信水平下显著为负。这表明，低收入在数字金融对家庭储蓄的影响中有显著的抑制作用，即相较于低收入家庭，数字金融的发展对高收入家庭的储蓄影响更大。

表4－8　　　　　数字金融对家庭储蓄影响的收入异质性

项目	(1) OLS	(2) FE
数字金融	-0.0002^{***} (0.000)	-0.0003 (0.000)
低收入	-0.3017^{***} (0.006)	-0.2908^{***} (0.008)
数字金融×低收入	-0.0001^{***} (0.000)	-0.0002^{***} (0.000)
户主年龄	0.0015^{***} (0.000)	0.0076^{***} (0.001)
户主年龄平方	0.0000^{**} (0.000)	-0.0001^{***} (0.000)
户主男性	0.0013 (0.002)	-0.0106^{**} (0.005)
户主已婚	-0.0249^{***} (0.003)	0.0027 (0.006)
户主工作状态	0.0491^{***} (0.002)	0.0324^{***} (0.004)
户主健康情况	0.0219^{***} (0.002)	0.0227^{***} (0.003)
农村	-0.0004 (0.000)	0.0010 (0.001)
家庭人口规模	0.0445^{***} (0.002)	0.0138 (0.012)
劳动力比率	-0.0047^{***} (0.001)	0.0022^{*} (0.001)

续表

项目	(1) OLS	(2) FE
ln（家庭净资产）	0.0388 *** (0.003)	0.0349 *** (0.007)
省份	控制	
年份	控制	控制
样本量	87 442	87 442
Adj. R^2	0.281	0.243

注：*** 、** 、* 分别表示在 1% 、5% 、10% 的水平下显著，括号内为异方差稳健标准误。

4.5　收入与信贷约束的角色

4.5.1　机制检验

李建军和韩珣（2019）认为，普惠金融发展前期阶段，有助于缩小城乡之间的收入差距。张勋等（2019）实证研究发现，中国的数字金融显著地提高家庭收入。因此，数字金融可能通过影响家庭收入进而影响家庭储蓄。本节将从家庭收入的角度实证检验数字金融影响家庭储蓄的内在机制。表 4 - 9 基于模型（4 - 2）得到数字金融对家庭收入影响的实证结果。第（1）列使用普通最小二乘法估计，得到数字金融影响家庭收入的估计结果，估计系数为 0.0070，在 1% 的置信水平下显著。第（2）列使用面板固定效应估计得到数字金融影响家庭收入的结果，估计系数为 0.0043，在 1% 的置信水平下显著。这表明，数字金融的发展显著促进家庭收入的提高。由第（2）列可知，数字金融发展每增加 1%，家庭收入将增加 0.43%。

表 4 - 9　　　　　　　　　　数字金融与家庭收入

项目	(1) OLS	(2) FE
数字金融	0.0070 *** (0.000)	0.0043 *** (0.000)

续表

项目	(1) OLS	(2) FE
户主年龄	−0.0169 *** (0.002)	0.0079 (0.006)
户主年龄平方	0.0002 *** (0.000)	−0.0001 (0.000)
户主男性	−0.0633 *** (0.011)	0.0397 * (0.021)
户主已婚	0.2166 *** (0.015)	0.0590 ** (0.028)
户主工作状态	0.1931 *** (0.012)	0.3186 *** (0.019)
户主健康情况	0.0784 *** (0.009)	0.0172 (0.012)
户主受教育年限	0.0647 *** (0.001)	0.0165 *** (0.003)
农村	−0.2935 *** (0.010)	−0.0127 (0.048)
家庭人口规模	0.1591 *** (0.003)	0.1886 *** (0.006)
劳动力比率	0.2665 *** (0.015)	0.2424 *** (0.031)
ln（家庭净资产）	0.2485 *** (0.004)	0.1302 *** (0.006)
省份	控制	
年份	控制	控制
样本量	86 231	86 231
Adj. R^2	0.322	0.108

注：***、**、*分别表示在1%、5%、10%的水平下显著，括号内为异方差稳健标准误。

何婧和李庆海（2019）指出，数字金融发展可以缓解农户信贷约束。由此，数字金融可能通过影响家庭信贷约束来影响家庭储蓄。参考贾佩利（Jappelli，1990）对信贷约束的定义，本节使用最小二乘法和面板固定效应来检验数字金融对家庭信贷约束的影响。基于模型（4−3）的估计结果如表 4 - 10 所示。第（1）列实证结果表明，数字金融对家庭信贷约束有显著的负向影响，在 1% 的置信水平下，数字金融对家庭信贷约束的影响系数是 - 0.0001，表明数字金融每提高 1% 时，家庭受到信贷约束的可能性会显著降低 0.01%。第（2）列估计结果同样表明，数字金融对家庭信贷约束有显著的负向影响。对此可能的解释是，数字金融的发展通过增加家庭可供投资资金，提高家庭投资水平，进而缓解家庭受信贷约束的可能。

表 4 - 10　　　　　　　　数字金融与家庭信贷约束

项目	（1） OLS	（2） FE
数字金融	- 0.0001 ** （0.000）	- 0.0004 *** （0.000）
户主年龄	0.0002 （0.000）	- 0.0001 （0.001）
户主年龄平方	- 0.0000 ** （0.000）	0.0000 （0.000）
户主男性	0.0049 *** （0.001）	0.0032 （0.003）
户主已婚	- 0.0020 （0.001）	- 0.0016 （0.003）
户主工作状态	0.0086 *** （0.001）	0.0056 *** （0.002）
户主健康情况	- 0.0052 *** （0.001）	- 0.0072 *** （0.002）
户主受教育年限	- 0.0012 *** （0.000）	- 0.0004 （0.000）
农村	0.0124 *** （0.001）	0.0056 （0.009）
家庭人口规模	0.0023 *** （0.000）	- 0.0001 （0.001）
劳动力比率	- 0.0006 （0.002）	0.0015 （0.004）

续表

项目	(1) OLS	(2) FE
ln（家庭净资产）	0.0006 ** (0.000)	0.0028 *** (0.001)
省份	控制	
年份	控制	控制
样本量	87 442	87 442
Adj. R²	0.032	0.022

注：*** 、** 分别表示在1%、5%的水平下显著，括号内为异方差稳健标准误。

4.5.2 稳健性检验

为了使估计结果更具有稳健性，本节对成功追踪三年的样本进行分析，样本量从 87 442 户家庭减少到 26 600 户家庭。表 4 – 11 汇报了使用 OLS 和 FE 估计数字金融对家庭储蓄影响的结果。结果表明，数字金融对家庭储蓄存在显著的正向影响，均在 1% 的置信水平下显著为正，这与本章基准回归的研究发现一致，表明本章研究结果的稳健性。

表 4 – 11　　　　　　　　　　**对成功追踪三年样本分析**

项目	(1) OLS	(2) FE
数字金融	0.0005 *** (0.000)	0.0002 *** (0.000)
户主年龄	− 0.0026 *** (0.001)	0.0043 ** (0.002)
户主年龄平方	0.0001 *** (0.000)	− 0.0000 (0.000)
户主男性	− 0.0066 (0.005)	− 0.0027 (0.010)
户主已婚	− 0.0038 (0.006)	0.0022 (0.011)
户主工作状态	0.0667 *** (0.005)	0.0668 *** (0.007)

续表

项目	(1) OLS	(2) FE
户主健康情况	0.0324 *** (0.004)	0.0180 *** (0.005)
户主受教育年限	0.0084 *** (0.001)	0.0032 ** (0.001)
农村	0.0186 *** (0.004)	0.0197 (0.024)
家庭人口规模	0.0130 *** (0.001)	0.0202 *** (0.003)
劳动力比率	0.0643 *** (0.007)	0.0291 ** (0.015)
ln（家庭净资产）	0.0154 *** (0.001)	0.0094 *** (0.002)
省份	控制	
年份	控制	控制
样本量	26 600	26 600
Adj. R^2	0.066	0.019

注：*** 、** 分别表示在 1% 、5% 的水平下显著，括号内为异方差稳健标准误。

本章使用每个家庭的收入与消费之差与家庭收入的比值定义家庭储蓄率。在稳健性检验部分，替换家庭储蓄率的定义方式为家庭储蓄额的对数，检验数字金融对家庭储蓄的影响。表 4 - 12 报告了估计结果，OLS 和 FE 估计方法回归结果均在 1% 的置信水平下显著为正。由表 4 - 12 可知，数字金融的发展可以显著提高家庭储蓄率的可能性。这与本章基准结果发现一致，表明本章研究结果的稳健性。

表 4 - 12　　　替换关注变量估计数字金融对家庭储蓄的影响

项目	(1) OLS	(2) FE
数字金融	0.0047 *** (0.000)	0.0036 *** (0.000)
户主年龄	- 0.0346 *** (0.003)	0.0252 *** (0.009)

续表

项目	(1) OLS	(2) FE
户主年龄平方	0.0003 *** (0.000)	-0.0002 *** (0.000)
户主男性	-0.0144 (0.015)	-0.0248 (0.034)
户主已婚	0.1798 *** (0.020)	0.1271 *** (0.047)
户主工作状态	0.0658 *** (0.016)	0.1256 *** (0.032)
户主健康情况	0.1262 *** (0.012)	0.0658 *** (0.020)
户主受教育年限	0.0462 *** (0.002)	0.0166 *** (0.006)
农村	-0.0747 *** (0.015)	-0.0616 (0.084)
家庭人口规模	0.1589 *** (0.004)	0.2093 *** (0.011)
劳动力比率	0.4465 *** (0.021)	0.3239 *** (0.053)
ln（家庭净资产）	0.2495 *** (0.005)	0.1270 *** (0.010)
省份	控制	
年份	控制	控制
样本量	51 837	51 837
Adj. R^2	0.249	0.083

注：*** 分别表示在1%的水平下显著，括号内为异方差稳健标准误。

4.6　本章小结

本章在理论模型分析的基础上建立实证模型，使用家庭微观数据，实证检验数字金融对家庭储蓄的影响。参考文献定义关键变量，将家庭层面微观调查数据与中国普惠金融发展指数相结合，使用（家庭收入－家庭消费）/家庭收入计算得到家庭储蓄率作为被解释变量。在县市层面，使用数字普惠金融指数作为数字金融发展指标。研究发现，数字金融显著促进家庭储蓄率的提高。进一步的分析表明，数字金融在不同维度上对家庭储蓄有着不同影响；支付业务、货币基金业务、信用业务、信贷业务、投资业务和保险业务这六类数字金融服务水平的提高显著促进了家庭储蓄的增加。异质性分析发现，城镇、高财富、高教育和高收入均在数字金融对家庭储蓄影响中有显著的促进作用。机制检验发现，数字金融通过影响家庭收入和信贷约束来影响家庭储蓄。两种稳健性检验结果均表明本章的研究发现具有可信性。

本章通过对于变量的描述性统计以及回归结果的分析，提出如下建议。

第一，完善农村及偏远地区的信息基础设施及配套服务，为数字金融的发展创造良好环境，充分发挥数字金融在农村地区的作用，为实现共同富裕贡献力量。同时，鼓励银行、企业等积极深度参与数字金融，为居民提供更优质的金融产品，顺应数字金融影响消费的机制，大力鼓励家庭借助数字金融积极参与金融市场。

第二，大力提高互联网普及度。由于互联网的普及有助于提升居民检索金融信息的效率，促使其掌握更全面的投资机会以及市场动向，同时有助于让数字化带来的便利如移动支付惠及未覆盖地区的百姓，因此，政府可以尝试加大互联网基础设施建设，引导群众在日常生活中利用互联网，以改善自身的生活水平。

第三，大力提升家庭的数字化水平，防范和化解"工具排斥"和"数字鸿沟"，一方面，政府部门加强互联网在中老年家庭和风险厌恶型家庭中的宣传力度；另一方面，居民家庭也要积极使用互联网消费购物平台和移动支付，享受数字金融发展释放的红利。

第 5 章

数字金融与家庭金融市场参与

5.1　家庭金融市场参与有限

随着经济社会的发展，金融产品逐渐多元化，中国家庭的资产配置从单一的储蓄开始转向资产组合投资，但是中国仍然面临着金融市场"有限参与之谜"，即现实中家庭参与金融市场投资的比例显著低于理论模型的预测。根据中国家庭金融调查（CHFS）的数据，2019 年中国居民股市参与的比例仅为 5.78%，远低于发达国家。国家统计局《中国统计年鉴2020》公布的数据信息同样显示，2019 年中国居民可支配收入中，财产性收入的占比约为 9%，所以积极创造条件使居民的收入转化为财产，让更多群众拥有财产性收入，进而减小社会整体的财富差距十分必要。

近年来，家庭金融研究受到越来越多的关注，金融市场参与作为重要的家庭决策，一直是家庭金融研究的重点。金融市场参与一般分为风险投资和无风险投资。2013～2017 年，我国金融市场蓬勃发展，市场监管更加标准规范，金融产品更具多样化，同时也有更多的家庭投入金融市场参与。关于金融市场参与的研究，主要集中在以下两类。一类是关注金融市场参与的影响因素。王聪和田存志（2012）探究了中国城镇居民对股票市场参与的影响因素，发现主要影响因素包括年龄、教育程度、收入、社会互动和风险态度等。肖作平和张欣哲（2012）从中国民营企业家的角度研究制度和人力资本及金融市场参与的关系，研究发现教育与性别对金融市场参与具有显著的正向作用。陈永伟等（2015）从中国城市的角度出发，探究了房产与金融市场参与的关系，结果显示，提高房产财富能够增加金融市场参与的概率，提高家庭风险投资比例。金融可得性的提高也会促进家庭参与非正规的金融市场，降低家庭对正规金融市场的参与（尹志超等，2015）。金融知识也同样对互联网金融参与具有显著影响（尹志超等，2019）。另一类则关注金融市场参与对家庭及社会的影响。尹志超等（2019）表明，家庭参与低风险投资能够显著提高家庭幸福，而参与高风险投资则显著降低家庭幸福。贾宇和赵亚雄（2021）探究了金融市场参与和支出性贫困的关系，研究结果表明，金融市场参与能够有效发挥金融工具的职能，实现资金融通、规避风险以及优化资金配置，进而降低家庭支出性贫困的可能性。

5.2　数字金融与家庭风险偏好

5.2.1　研究背景

数字金融泛指金融机构与互联网公司利用数字技术实现融资、支付、投资和其他新型金融业务的模式，自 2004 年支付宝账户体系上线，我国的数字金融开始萌芽并发展，从而能够更好地满足人民群众对美好生活的向往。在正确金融价值观的引领下，完善便利性好、调控性强、透明度高的数字金融服务体系，能够加快改善分配结构、增加居民收入、挖掘消费潜力，不断增强人民群众的获得感、幸福感和安全感。数字金融是传统金融与新兴技术的融合，其本质无法脱离金融属性，即数字金融依旧遵循金融市场的规律、受到市场政策的监管。在中国，受益于国内庞大的通信建设和互联网的高速发展，数字金融以其具备的低信息搜寻、交易和人工成本等优势，打破了传统业务中人与人面对面服务的地理限制，铸就其具备更强的普惠金融特性。因此，随着金融数字化趋势的发展，数字金融与家庭金融行为之间的关系也更为密切。

根据《中国数字经济发展白皮书（2021年）》公布的数据，2020年，由数字经济发展带动的金融业务增加规模为39.2万亿元，达到我国GDP的38.6%，极大地推动了我国国民经济的发展，这对于指导我国经济长足发展具有实践意义。根据最新"北京大学数字普惠金融指数"（2011～2020）发现，数字金融在经历了早期的高速发展后，这几年发展速度有所放缓，但是仍然保持一个客观的增速。数字金融作为新兴的金融模式给传统金融体系带来了较大影响，对居民、家庭的金融行为也会产生深刻影响。本章旨在通过研究数字金融发展与家庭风险偏好的关系，探讨两者之间的深层原因，为帮助挖掘数字金融促进经济更好增长作出贡献。

赫国胜和耿丽平（2021）发现，数字金融对家庭风险资产配置有显著的正向影响。段军山和邵骄阳（2022）利用2017年的CHFS调查数据，实证发现，数字普惠金融能显著提高家庭参与金融市场和股票市场的概率，提高风险资产和股票资产的配置比。孙燕和严书航（2021）实证发现，数字金融通过提高家庭金融素养和改善当地的金融发展间接对家庭的风险资产配置产生影响，提高风险资产的比例。本章进一步分析数字金融能力影响家庭风险偏好的中间机制，并且探究数字金融能力对不同收入及孩子数量是否存在异质性影响。

5.2.2 实证策略

本章使用2015～2019年的西南财经大学中国家庭金融调查（CHFS）数据，实证检验数字金融对家庭风险偏好的影响。CHFS询问家庭是否拥有互联网理财产品以及家庭在金融市场参与的情况，为本章研究数字金融对家庭风险偏好的影响提供数据研究基础。

家庭风险偏好是本章的被解释变量，将家庭是否参与股票市场作为风险偏好的代理变量，关注数字金融对家庭风险偏好的影响。在中国家庭金融调查（CHFS）中，对受访者支出、金融资产类别进行访问，以及是否存在使用过移动支付、参与互联网理财产品及网络借贷相关的询问，最终将居民参与过以上产品定义为参与数字金融，即构建哑变量并赋值为 1，其余受访者定义为从未参与过数字金融，赋值为 0。

本章参照以往的文献，选取的控制变量包括：户主特征变量（年龄、性别、婚姻状况、受教育年限、工作状态、健康情况）、家庭特征变量（家庭规模、家庭孩子数量、家庭期初净资产、家庭收入）和地区特征变量（省份、城乡）。数据处理上，剔除变量中存在缺失值的样本，保留样本量为 111 050 个家庭。表 5 - 1 汇报了样本中变量描述性统计结果。在样本人口年龄结构、性别结构等多方面与国家统计局数据一致，具有很好的全国代表性。从解释变量来看，我国整体数字金融发展程度并不高，为 20.4%。从被解释变量来看，约有 8.23% 的家庭参与金融市场，可见，大多数家庭属于风险中性或风险厌恶，较少参与金融活动。同时，也反映出目前我国金融市场仍存有风险问题，需要更健全的机制来发挥市场的自我调节功能。

表 5 - 1　　　　　　　　　　　主要变量的描述性统计

变量	观测数	平均值	标准差	最小值	最大值
风险偏好	111 050	0.0823	0.275	0	1
数字金融	111 050	0.204	0.403	0	1
年龄	111 050	54.90	14.15	17	117
男性	111 050	0.768	0.422	0	1
已婚	111 050	0.852	0.355	0	1
教育	111 050	9.289	4.255	0	22
健康	111 050	0.441	0.496	0	1
工作人数	111 050	1.569	1.178	0	12
家庭规模	111 050	3.276	1.608	1	20
孩子数量	111 050	0.519	0.795	0	10
老人数量	111 050	0.866	0.900	0	12
农村	111 050	0.328	0.469	0	1
家庭净资产（元）	111 050	85 285	200 750	$-5.493e+06$	$1.212e+07$
家庭收入（元）	111 050	998 631	$6.952e+06$	$-2.571e+07$	$2.100e+09$

本章使用 CHFS 面板数据，实证检验数字金融对家庭风险偏好的影响。

本章将模型设定为：

$$\text{Stock}_{it} = \alpha + \beta\text{Digital}_{it} + X_{it}\gamma + c_i + \varepsilon_{it} \tag{5-1}$$

其中，Stock_{it}表示家庭 i 在 t 期是否参与股票市场，参与即赋值为 1。Digital_{it}是家庭 i 在 t 期的数字金融参与情况。X_{it}包括家户主特征变量、家庭特征变量及农村等宏观特征变量，c_i是不随时间变化的混淆变量，ε_{it}是误差项。

为分析数字金融对家庭风险偏好的影响机制，本章考察了数字金融对家庭创业的影响，数字金融对家庭风险偏好的影响。机制检验模型设定为：

$$\text{Entrepre}_{it} = \alpha + \beta\text{Digital}_{it} + X_{it}\gamma + c_i + \varepsilon_{it} \tag{5-2}$$

$$\text{Stock}_{it} = \alpha + \beta\text{Digital}_{it} + X_{it}\gamma + c_i + \varepsilon_{it} \tag{5-3}$$

其中，Entrepre_{it}表示家庭 i 在 t 期是否创业。Stock_{it}表示家庭 i 在 t 期是否有股票账户，以此作为家庭风险偏好的代理变量。X_{it}包括家户主特征变量、家庭特征变量及农村等宏观特征变量，c_i是不随时间变化的混淆变量，ε_{it}是误差项。本章在估计中控制了年份和省份固定效应。

5.2.3　基准回归

如表 5-2 所示，显示了数字金融和风险偏好的基准回归结果。第（1）列和第（2）列分别对数字金融对风险偏好进行 OLS 回归和 FE 回归，OLS 回归结果显示，家庭参与数字金融每提高 1%，家庭风险偏好就增加 8.23%，结果在 1% 的置信水平下显著。FE 回归结果显示，家庭参与数字金融每提高 1%，家庭风险偏好增加 1.70%，结果在 1% 的置信水平下显著。实证结果均表明，数字金融和家庭风险偏好之间存在正相关关系。

表 5-2　　　　　　　　数字金融对风险偏好的影响

项目	(1) OLS	(2) FE
数字金融	0.0823 *** (0.003)	0.0170 *** (0.003)

续表

项目	（1） OLS	（2） FE
年龄	0.0047 *** （0.000）	− 0.0006 （0.001）
年龄平方	− 0.0000 *** （0.000）	0.0000 （0.000）
男性	− 0.0210 *** （0.002）	0.0010 （0.003）
已婚	0.0129 *** （0.002）	− 0.0016 （0.004）
教育	0.0134 *** （0.000）	0.0006 （0.000）
健康	0.0004 （0.002）	− 0.0060 *** （0.002）
工作人数	0.0012 （0.001）	0.0044 *** （0.001）
家庭规模	− 0.0091 *** （0.001）	− 0.0016 * （0.001）
孩子数量	0.0051 *** （0.001）	− 0.0003 （0.002）
老人数量	0.0035 *** （0.001）	0.0020 （0.002）
农村	− 0.0323 *** （0.001）	− 0.0021 （0.004）
ln（家庭收入）	0.0008 *** （0.000）	− 0.0001 （0.000）
ln（家庭净资产）	0.0040 *** （0.000）	0.0007 *** （0.000）
省份	控制	
年份	控制	控制
样本量	111 050	111 050
Adj. R^2	0.145	0.005

注：***、* 分别表示在1%、10%的水平下显著，括号内为异方差稳健标准误。

诸多研究证明，家庭成员的金融素养水平会对家庭金融决策产生重要的影响，提高家庭资源配置水平可以提高防范风险的能力，也会影响家庭的财务幸福感（Atlas et al.，2019）。数字金融可能通过提高家庭金融素养和改善当地的金融发展来间接对家庭的风险资产配置产生影响，提高家庭的风险偏好程度。

5.2.4　机制研究

数字金融因其便利支付、缓解家庭信贷约束上的优势，在促进家庭消费、家庭创业、家庭更好享受金融服务方面发挥了重要作用。在数字金融与家庭创业行为研究中，张兵等（2021）研究发现，数字金融的发展不仅缓解了信贷约束，而且降低了创业成本，还通过影响家庭个体的风险偏好显著促进了家庭创业的可能性。因此，本章进一步使用实证模型（5－2）估计数字金融对创业的影响，尝试将创业作为中介机制，假定数字金融通过促进家庭创业行为影响家庭风险偏好，估计结果如表5－3所示。

表5－3　　　　　　　　　数字金融对家庭创业的影响

项目	(1) OLS	(2) FE
数字金融	0.0608 *** (0.003)	0.0098 ** (0.004)
年龄	− 0.0048 *** (0.000)	− 0.0008 (0.001)
年龄平方	0.0000 *** (0.000)	0.0000 (0.000)
男性	0.0126 *** (0.002)	0.0004 (0.004)
已婚	0.0171 *** (0.003)	− 0.0032 (0.005)
教育	− 0.0031 *** (0.000)	0.0009 (0.001)
工作人数	0.0296 *** (0.002)	0.0054 * (0.003)

续表

项目	(1) OLS	(2) FE
家庭规模	0.0458 *** (0.001)	0.0311 *** (0.002)
孩子数量	0.0038 *** (0.001)	0.0083 *** (0.002)
老人数量	0.0164 *** (0.002)	0.0009 (0.004)
农村	-0.0145 *** (0.001)	-0.0107 *** (0.004)
ln(家庭收入)	-0.0939 *** (0.003)	0.0068 (0.013)
ln(家庭净资产)	-0.0064 *** (0.000)	-0.0022 *** (0.001)
省份	控制	
年份	控制	控制
样本量	111 043	111 043
Adj. R^2	0.102	0.023

注：***、**、*分别表示在1%、5%、10%的水平下显著，括号内为异方差稳健标准误。

第（1）列 OLS 的估计系数为 0.0608，在 1% 的置信水平下显著；第（2）列中 FE 估计系数为 0.0098，在 5% 的置信水平下显著。基于 OLS 的估计结果分析可得，数字金融发展每提高 1% 就会促使家庭存在创业行为的可能性提高 6.08%，表明数字金融对提高家庭创业概率具有十分显著的经济意义。

根据已有文献，创业行为能使家庭资产收入比率向上流动（Quadrini，1999），帮助家庭在既定资产水平下获得更高的收入（Lebergott，1976）。夸里尼（Quadrini，2000）使用 PSID 的数据，发现创业家庭相比非创业家庭，财富更有可能向上流动。因此，推测创业所带来的财富的增加会增加家庭的风险偏好，引发家庭产生更多的风险市场投资行为。基于模型（5-3）进行估计，实证结果如表 5-4 所示。FE 结果表明，家庭参与创业活动每增加 1%，家庭风险偏好提升 1.23%。因此，创业在数字金融对家庭风险偏好的影响中发挥关键的作用，数字金融普及度更广的家庭会更加积极地参与创业，而家庭风险偏好增加也源于家庭创业。

表5－4　　　　　　　　　家庭创业对风险偏好的影响

项目	（1）OLS	（2）FE
家庭创业	0.0029 (0.003)	0.0123 *** (0.003)
年龄	0.0037 *** (0.000)	－0.0003 (0.001)
年龄平方	－0.0000 *** (0.000)	－0.0000 (0.000)
男性	－0.0218 *** (0.002)	0.0012 (0.003)
已婚	0.0109 *** (0.002)	－0.0017 (0.004)
教育	0.0144 *** (0.000)	0.0007 * (0.000)
工作人数	0.0020 (0.002)	－0.0059 *** (0.002)
家庭规模	0.0017 ** (0.001)	0.0041 *** (0.001)
孩子数量	－0.0069 *** (0.001)	－0.0013 (0.001)
老人数量	0.0036 *** (0.001)	－0.0005 (0.002)
农村	0.0007 (0.001)	0.0016 (0.002)
ln（家庭收入）	－0.0379 *** (0.001)	－0.0028 (0.004)
ln（家庭净资产）	0.0011 *** (0.000)	－0.0001 (0.000)
省份	控制	
年份	控制	控制
样本量	111 043	111 043
Adj. R^2	0.136	0.004

注：***、**、*分别表示在1%、5%、10%的水平下显著，括号内为异方差稳健标准误。

5.3 不同的家庭收入与家庭特征

5.3.1 收入异质性

家庭收入会影响家庭参与金融市场的可能性，收入风险不同会通过影响家庭的风险偏好影响家庭的金融资产配置，尤其是风险资产配置的份额（Angerer and Lam，2009）。根据将调查年度家庭收入的均值进行分组，得到低收入家庭组和高收入家庭组，将数字金融和低收入家庭组的交互项、数字金融、低收入家庭组同时放入回归模型中，用交互项的估计系数分析数字金融在低收入家庭组中存在的风险偏好异质性影响。表 5 - 5 报告了异质性结果，第（1）列中，交互项 OLS 的估计系数为 - 0.0021，且在 5% 的置信水平下显著。第（2）列中，交互项 FE 的估计系数为 - 0.0019，在 1% 的置信水平下显著。OLS 和 FE 的回归结果均表明数字金融对低收入家庭风险偏好的促进作用小于高收入家庭。这说明，对于高收入家庭，由于自有资金充裕，存在资产组合管理的需求，更容易受到数字金融的影响增大风险偏好，更多参与金融市场。

表 5 - 5 数字金融对家庭风险偏好收入异质性影响

项目	(1) OLS	(2) FE
数字金融	0.1045 *** (0.009)	0.0375 *** (0.008)
数字金融 × 收入	- 0.0021 ** (0.001)	- 0.0019 *** (0.001)
年龄	0.0046 *** (0.000)	- 0.0006 (0.001)
年龄平方	- 0.0000 *** (0.000)	0.0000 (0.000)
男性	- 0.0210 *** (0.002)	0.0009 (0.003)

续表

项目	(1) OLS	(2) FE
已婚	0.0129 *** (0.002)	−0.0015 (0.004)
教育	0.0134 *** (0.000)	0.0006 (0.000)
健康	0.0004 (0.002)	−0.0059 *** (0.002)
工作人数	0.0012 (0.001)	0.0044 *** (0.001)
家庭规模	−0.0092 *** (0.001)	−0.0017 * (0.001)
孩子数量	0.0052 *** (0.001)	−0.0002 (0.002)
老人数量	0.0035 *** (0.001)	0.0020 (0.002)
农村	−0.0320 *** (0.001)	−0.0023 (0.004)
ln（家庭收入）	0.0013 *** (0.000)	0.0003 (0.000)
ln（家庭净资产）	0.0040 *** (0.000)	0.0007 *** (0.000)
省份	控制	
年份	控制	控制
样本量	111 050	111 050
Adj. R^2	0.145	0.005

注：***、**、*分别表示在1%、5%、10%的水平下显著，括号内为异方差稳健标准误。

5.3.2 孩子数量异质性

家庭特征可能会引起数字金融对家庭风险偏好的异质性影响，本节继续考察在不同孩子数量的家庭中，数字金融对于家庭风险偏好的影响。在模型中加入了数字金融和孩子数量的交互项，使用普通最小二乘法、面板固定效应估计方法得到估计结果，如表 5 - 6 所示。从估计结果可以发现，数字金融和孩子数量的交互项的估计系数分别为 - 0.0151 和 - 0.0068，OLS 回归在 1% 的置信水平下显著为负，FE 回归在 5% 的置信水平下显著为负。这表明，孩子数量在数字金融对家庭风险偏好中有显著的抑制作用。这可能是因为，孩子的教育、医疗等抚养成本随孩子数量的增加给家庭带来更重的负担，影响家庭的资产及负债结构，因此，孩子数量较多的家庭风险偏好较低，不容易受到数字金融正向促进的影响。

表 5 - 6　　　　　　　数字金融对家庭风险偏好孩子数量异质性影响

项目	(1) OLS	(2) FE
数字金融	0.0914 *** (0.004)	0.0213 *** (0.004)
数字金融 × 孩子数量	- 0.0151 *** (0.002)	- 0.0068 ** (0.003)
年龄	0.0046 *** (0.000)	- 0.0005 (0.001)
年龄平方	- 0.0000 *** (0.000)	0.0000 (0.000)
男性	- 0.0208 *** (0.002)	0.0010 (0.003)
已婚	0.0136 *** (0.002)	- 0.0016 (0.004)
教育	0.0134 *** (0.000)	0.0006 * (0.000)
健康	0.0004 (0.002)	- 0.0060 *** (0.002)
工作人数	0.0012 (0.001)	0.0044 *** (0.001)
家庭规模	- 0.0094 *** (0.001)	- 0.0017 * (0.001)
孩子数量	0.0089 *** (0.001)	0.0008 (0.002)

续表

项目	(1) OLS	(2) FE
老人数量	0.0036*** (0.001)	0.0020 (0.002)
农村	− 0.0325*** (0.001)	− 0.0022 (0.004)
ln（家庭收入）	0.0008*** (0.000)	− 0.0001 (0.000)
ln（家庭净资产）	0.0040*** (0.000)	0.0007*** (0.000)
省份	控制	
年份	控制	控制
样本量	111 050	111 050
Adj. R²	0.145	0.005

注：***、**、*分别表示在1%、5%、10%的水平下显著，括号内为异方差稳健标准误。

5.4 家庭负债和幸福感

5.4.1 数字金融对家庭幸福感的影响

张等（Zhang et al.，2020）的研究表明，数字金融的发展有助于城市化及劳动力从农业向非农业部门转移。数字金融能够打破数字鸿沟，增强金融包容性，这将对家庭的资产及负债结构产生影响。而家庭资产、负债水平也是影响居民幸福感的重要因素，资产总额越高、负债越低的家庭幸福的可能性越高（李江一等，2015）。因此，本节进一步分析数字金融对家庭幸福感的影响。

表5-7汇报了实证结果。第（1）列和第（2）列分别使用OLS和面板固定效应进行估计。由第（1）列OLS回归结果显示，回归系数为− 0.0257，且在1%的置信水平下显著为负。第（2）列FE回归系数为

-0.0286，且在1%的置信水平下显著为负，结果表明，数字金融每增加1%，家庭幸福感将会减少2.86%，数字金融对居民幸福感有显著的抑制作用。这与尹志超等（2019）的研究结果一致，家庭参与低风险投资能够显著提高家庭幸福感，参与高风险投资显著降低家庭幸福感。对此可能的解释是，高风险投资家庭将面临更高的破产风险，可能会由于资产的大幅波动给家庭带来不良影响。因此，参与高风险投资的家庭的幸福感会偏低。

表5-7　　　　　　　　　数字金融对家庭幸福感的影响

项目	(1) OLS	(2) FE
数字金融	-0.0257*** (0.004)	-0.0286*** (0.007)
年龄	-0.0078*** (0.001)	-0.0042** (0.002)
年龄平方	0.0001*** (0.000)	0.0001*** (0.000)
男性	-0.0229*** (0.004)	-0.0124* (0.007)
已婚	0.0975*** (0.005)	0.0452*** (0.010)
教育	0.0018*** (0.000)	0.0005 (0.001)
健康	0.1690*** (0.003)	0.0927*** (0.005)
工作人数	0.0144*** (0.002)	0.0090*** (0.003)
家庭规模	-0.0169*** (0.002)	-0.0117*** (0.003)
孩子数量	0.0225*** (0.003)	0.0038 (0.006)
老人数量	0.0222*** (0.002)	0.0124** (0.006)

续表

项目	(1) OLS	(2) FE
农村	0.0213 *** (0.003)	0.0052 (0.024)
ln（家庭收入）	0.0055 *** (0.000)	0.0029 *** (0.001)
ln（家庭净资产）	0.0071 *** (0.000)	0.0021 *** (0.001)
省份	控制	
年份	控制	控制
样本量	110 517	110 517
Adj. R²	0.072	0.032

注：*** 、** 、* 分别表示在1%、5%、10%的水平下显著，括号内为异方差稳健标准误。

5.4.2　数字金融对家庭负债的影响

随着数字金融的不断发展，数字金融对家庭风险偏好呈现显著的正向促进作用。本章进一步探究数字金融对于家庭资产负债表中负债端的影响。陈宸等（2022）认为，数字金融的发展显著提升了家庭负债水平和家庭负债杠杆。本章通过表5-8将家庭负债与数字金融发展进行回归分析，第（1）列 OLS 回归结果显示，回归系数为1.0305，且在1%的置信水平下显著。第（2）列 FE 回归系数为0.5318，且在1%的置信水平下显著，结果表明，数字金融的发展可以显著促进家庭负债。这与陈宸等（2022）的研究结论一致，在数字金融与家庭负债方面，数字金融显著提升了家庭负债水平和家庭债务杠杆比率，数字金融通过流动性约束、非理性支出和便捷化交易进一步扩大家庭负债规模。

表5-8　　　　　　　数字金融对家庭负债的影响

项目	(1) OLS	(2) FE
数字金融	1.0305 *** (0.047)	0.5318 *** (0.067)

续表

项目	(1) OLS	(2) FE
年龄	− 0. 0903 *** (0. 007)	0. 0008 (0. 017)
年龄平方	0. 0003 *** (0. 000)	− 0. 0002 (0. 000)
男性	− 0. 0326 (0. 036)	− 0. 0388 (0. 065)
已婚	0. 3821 *** (0. 042)	0. 1238 (0. 090)
教育	0. 0685 *** (0. 004)	0. 0095 (0. 010)
健康	− 0. 4434 *** (0. 030)	− 0. 3201 *** (0. 045)
工作人数	0. 2578 *** (0. 018)	0. 0930 *** (0. 028)
家庭规模	0. 3800 *** (0. 017)	0. 3616 *** (0. 029)
孩子数量	0. 1100 *** (0. 030)	− 0. 0996 * (0. 058)
老人数量	− 0. 4220 *** (0. 021)	− 0. 3018 *** (0. 059)
农村	0. 1984 *** (0. 035)	− 0. 0429 (0. 211)
ln（家庭收入）	− 0. 0142 *** (0. 005)	− 0. 0094 (0. 007)
ln（家庭净资产）	− 0. 2602 *** (0. 002)	− 0. 2186 *** (0. 005)
省份	控制	
年份	控制	控制
样本量	111 050	111 050
Adj. R^2	0. 168	0. 057

注：***、* 分别表示在1%、10%的水平下显著，括号内为异方差稳健标准误。

5.5　多种稳健性检验

如表 5 - 9 所示，本节报告了剔除户主为 60 岁以上家庭成员样本之后数字金融对家庭风险偏好的回归结果，剔除后观测样本共 70 311 个。第（1）列和第（2）列分别是数字金融对家庭风险偏好的 OLS 回归和 FE 回归结果，回归系数分别为 0.0870 和 0.0250，结果均在 1% 的置信水平下显著，与基准结果保持一致，表明本章研究结果是稳健的。

表 5 - 9　　　　　　　　　　剔除户主 60 岁以上家庭样本

项目	(1) OLS	(2) FE
数字金融	0.0870 *** (0.004)	0.0250 *** (0.005)
年龄	0.0178 *** (0.001)	- 0.0090 *** (0.002)
年龄平方	- 0.0002 *** (0.000)	0.0001 *** (0.000)
男性	- 0.0149 *** (0.003)	- 0.0020 (0.005)
已婚	0.0139 *** (0.004)	- 0.0035 (0.007)
教育	0.0176 *** (0.000)	0.0003 (0.001)
工作人数	- 0.0041 * (0.002)	- 0.0084 *** (0.003)
家庭规模	0.0013 (0.001)	0.0060 *** (0.001)
孩子数量	- 0.0124 *** (0.001)	- 0.0023 (0.001)
老人数量	0.0084 *** (0.002)	- 0.0006 (0.003)

续表

项目	(1) OLS	(2) FE
农村	0.0074 *** (0.002)	−0.0004 (0.003)
ln（家庭收入）	−0.0334 *** (0.002)	0.0043 (0.006)
ln（家庭净资产）	0.0009 *** (0.000)	−0.0001 (0.000)
省份	控制	
年份	控制	控制
样本量	70 311	70 311
Adj. R^2	0.160	0.008

注：*** 、* 分别表示在 1% 、10% 的水平下显著，括号内为异方差稳健标准误。

在稳健性检验中，本节参考张勋等（2005）研究滞后一期数字金融发展水平对家庭风险偏好的影响。在表 5 − 10 中，第（1）列报告了 OLS 的估计结果，估计结果在 1% 的置信水平下显著为正，第（2）列报告 FE 的估计结果，结果并不显著。因此，只分析第（1）列的回归结果，发现研究结果与基准结果保持一致，表明数字金融对家庭风险偏好有显著的正向影响，本章研究发现是可靠的。

表 5 − 10　　　　　　　　　　　　滞后一期数字金融

项目	(1) OLS	(2) FE
滞后一期数字金融	0.1259 *** (0.009)	−0.0022 (0.012)
年龄	0.0035 *** (0.001)	0.0006 (0.001)
年龄平方	−0.0000 *** (0.000)	−0.0000 (0.000)
男性	−0.0193 *** (0.003)	0.0038 (0.005)
已婚	0.0087 ** (0.004)	0.0043 (0.007)

续表

项目	(1) OLS	(2) FE
教育	0. 0115 *** (0. 000)	− 0. 0009 (0. 001)
工作人数	0. 0051 ** (0. 002)	− 0. 0011 (0. 003)
家庭规模	− 0. 0002 (0. 001)	0. 0049 *** (0. 002)
孩子数量	− 0. 0047 *** (0. 001)	− 0. 0006 (0. 002)
老人数量	0. 0012 (0. 002)	− 0. 0019 (0. 004)
农村	0. 0009 (0. 002)	0. 0008 (0. 004)
ln（家庭收入）	− 0. 0362 *** (0. 002)	− 0. 0044 *** (0. 001)
ln（家庭净资产）	− 0. 0011 ** (0. 000)	− 0. 0005 (0. 000)
省份	控制	
年份	控制	控制
样本量	43 997	43 997
Adj. R^2	0. 137	0. 004

注：*** 、** 分别表示在 1%、5% 的水平下显著，括号内为异方差稳健标准误。

为避免内生性问题，本节引入工具变量Ⅳ。如表 5 – 11 所示，引入同县区其他家庭的数字金融参与情况的均值作为工具变量Ⅳ，得到 2SLS 的估计结果，回归结果显示，同县区其他家庭的数字金融参与情况均值每提高 1%，家庭风险偏好将增加 41. 32%，结果表明，数字金融和家庭风险市场参与之间存在正相关关系。

表 5 – 11　　　　　　　　　使用工具变量（同区县）

项目	2SLS
数字金融	0. 4132 *** (0. 017)

续表

项目	2SLS
年龄	0.0086 *** (0.000)
年龄平方	− 0.0001 *** (0.000)
男性	− 0.0178 *** (0.002)
已婚	0.0207 *** (0.002)
教育	0.0095 *** (0.000)
工作人数	− 0.0066 *** (0.002)
家庭规模	− 0.0013 * (0.001)
孩子数量	− 0.0181 *** (0.001)
老人数量	0.0111 *** (0.001)
农村	0.0147 *** (0.001)
ln（家庭收入）	− 0.0087 *** (0.002)
ln（家庭净资产）	− 0.0004 (0.000)
省份	控制
年份	控制
样本量	111 050
Adj. R^2	0.141

注：***、* 分别表示在 1%、10% 的水平下显著，括号内为异方差稳健标准误。

风险偏好程度是描述家庭对于承担风险的不同态度，根据风险承受态度可以将投资者划分为风险偏好者和风险厌恶者。根据在 CHFS 问卷调查中询问被调查者的投资倾向类型，本章更改风险偏好的定义，将风险偏好定义为家庭风险投资的主观态度，回答高风险高收益的家庭即认定为风险偏好型，赋值为1，回答低风险低收益的家庭则为风险厌恶型，赋值为0。表5-12中的FE估计结果不显著，OLS估计结果显著为正，OLS的回归结果与基准结果保持一致，表明本章研究结果是稳健的。

表 5-12　　　　　　　　　　　　更换风险偏好定义

项目	(1) OLS	(2) FE
数字金融	0.0437 *** (0.003)	-0.0015 (0.004)
年龄	-0.0059 *** (0.000)	-0.0003 (0.001)
年龄平方	0.0000 *** (0.000)	0.0000 (0.000)
男性	0.0150 *** (0.002)	0.0007 (0.003)
已婚	-0.0215 *** (0.003)	0.0038 (0.004)
教育	0.0043 *** (0.000)	0.0006 (0.000)
工作人数	0.0099 *** (0.002)	-0.0024 (0.002)
家庭规模	0.0046 *** (0.001)	0.0026 ** (0.001)
孩子数量	-0.0023 ** (0.001)	-0.0009 (0.001)
老人数量	0.0005 (0.002)	0.0030 (0.002)
农村	-0.0017 (0.001)	-0.0007 (0.003)
ln（家庭收入）	-0.0081 *** (0.002)	-0.0010 (0.009)

续表

项目	（1）OLS	（2）FE
ln（家庭净资产）	−0.0002 (0.000)	0.0003 (0.000)
省份	控制	
年份	控制	控制
样本量	111 029	111 029
Adj. R²	0.043	0.010

注：***、** 分别表示在 1%、5% 的水平下显著，括号内为异方差稳健标准误。

5.6　本章小结

　　本章选择 2015 年、2017 年和 2019 年中国家庭金融调查数据，探究了数字金融与家庭风险偏好的关系和作用机制，并通过工具变量的构建处理模型中的内生性问题，分组进行异质性分析和改变样本量进行稳健性检验，论证了本章结论的稳健性。研究发现，居民的数字金融参与程度越高，家庭风险偏好也会相应提高，其中，创业是数字金融参与程度作用于家庭风险偏好的中介变量。同时，这种效用在高收入、孩子数量较少的家庭中更加显著。

　　本章的估计结果表明，家庭参与数字金融每提高 1%，家庭风险偏好就增加 8.23%。基于研究发现，本章提出以下政策建议。

　　第一，政策制定者应该积极地提高数字金融服务的覆盖率和可得性，虽然数字鸿沟使得各个群体之间不能完全公平地分享数字红利，但是不可否认，数字金融发展能够促进经济增长、提升居民收入和消费。数字金融通过缓解流动性约束、便利居民支付来促进居民通过创业等渠道提高风险偏好，加入风险资产市场，增加家庭的财产性收入，促进消费。

　　第二，政策制定者应该重视金融教育的普及工作，确保经济运行和金融市场的稳定。倡导居民做好理财规划，合理安排资产和负债，理性消费和借贷，避免养成超前消费、过度负债的不良习惯，即通过增加居民金融素养，积极维护数字金融为家庭带来的积极影响。

第三，政策制定者应保障家庭在创业活动等方面的机会公平，帮助家庭将数字金融带来的好处有效转化为创业的动力，通过多元化渠道不断提升微观主体收入，进而促进全体人民共同富裕。

第**6**章

数字金融与家庭负债

6.1 家庭债务攀升

6.1.1 研究背景

近年来，我国居民的负债性消费行为增加，家庭债务规模也迅速攀升。根据中国人民银行报告的 2020 年统计数据，我国家庭部门贷款规模高达 63.19 万亿元，比 2008 年增长了 13.5 倍。其中，短期消费贷款规模从 2010 年的 0.96 万亿元增加至 2020 年的 8.78 万亿元，并且近年来一直保持 20% 以上的年均增速，远高于发达经济体 2%~4% 的年均增速。2020 年 11 月，中国人民银行发布的《中国金融稳定报告》中明确提出"合理控制居民部门杠杆过快增长。"究竟是哪些因素在影响着我国家庭负债？其作用程度又是如何？

如今移动支付、蚂蚁集团、京东白条等数字金融产品逐渐进入我国居民的视野，此类产品也成为国内经济高质量发展的重要支撑，具体来说，数字金融对我国经济增长存在倒"U"型的影响，即存在一个最优的数字金融参与水平，可以在服务于我国市场经济的同时避免国内经济过度"泡沫化"（张珍花等，2022）。现有数据表明，截至 2017 年底，互联网移动支付业务共计发生 2 867.47 亿笔，涉及金额高达 143.26 亿元，此外，网络借贷发生额同样高达 208 亿元（尹志超等，2019）。那么急速攀升的家庭债务是否与当前数字金融的蓬勃发展有关？家庭债务规模上升的背后会隐藏债务风险吗？

目前，现有文献针对数字金融对家庭负债的作用机制，以及对不同个性特征的居民影响状况究竟如何，并没有完备、系统的研究。基于此，本章从实证角度全面考察数字金融与家庭债务之间的关系。相比既有研究，本章的边际贡献主要体现在以下三个方面：第一，基于数字金融视角揭示家庭债务的内在机制，为分析近年来家庭债务上升提供新思路的同时丰富和拓展了家庭金融领域的研究；第二，相比以往文献多采用截面数据，本章基于 2015 年、2017 年、2019 年三期的中国家庭金融调查数据（CHFS），探寻不同类型家庭在数字金融影响下所表现出负债的异质性；第三，考察了家庭创业和家庭风险偏好在家庭负债中的调节效应。

6.1.2　文献综述

21 世纪以来，得益于互联网技术的蓬勃发展以及信息基础设施的完善升级，金融领域也引入了互联网和数字技术，数字金融得以飞速发展。对于数字金融的定义，彼得等（Peter et al.，2017）认为，数字金融包含大量新的金融产品、服务以及创新的客户沟通和互动方式。传统金融机构和互联网公司凭借应用数字化技术，更广泛便捷地开展支付、投资、融资及其他新型金融服务（邱晗等，2018）。但数字金融仅是对传统金融外在业务形式应用数字化技术加以创新，金融的本质并不会因数字化技术的应用而发生改变（黄浩，2018）。也有许多学者探讨了数字金融与传统金融之间的关系，传统金融机构大多不愿意为偏远地区和贫困人群提供金融服务，而数字金融具有极强的包容性，能为低收入水平和收入不确定的人群提供更为高效、便捷的金融服务，降低其在银行等传统金融机构获得同样金融服务所需的成本（Ozili，2018）。

　　数字金融的发展对居民和企业微观主体均会产生一定的经济影响。何宗樾和宋旭光（2020）、张勋等（2020）运用中国数字金融和居民主体的数据发现，数字金融对促进居民消费产生显著的正向影响。此外，数字金融对传统私人借贷行为也表现出显著的抑制作用，主要通过以下两种途径：一是提高居民资金借出的机会成本，抑制其私人借出的意愿；二是数字金融服务会产生资金渠道替代效应，由于成本较低，可以支持较低的网络借贷利率，从而抑制居民私人借贷行为（吴雨等，2020）。同时，中小企业的融资环境因为数字金融的发展得到改善，这在一定程度上缓解了中小企业融资非价格壁垒和成本高的问题（Boskov and Drakulevski，2018）。谢绚丽等（2018）对企业创业行为的研究发现，数字金融显著提升了企业创业的活跃度，且对较落后地区的企业及小微企业的鼓励创业作用更为显著，表现出普惠的功能。

　　大量对家庭负债影响因素的研究发现，收入、年龄、婚姻状况、教育程度和家庭人口数量等人口统计学特征均会显著地影响居民家庭债务行为（Mian，2017）。有研究称，相较于低收入者，高收入者借款的可能性更大，即当前收入越多，其借款量也会越多，收入与借款量呈正相关的关系（Del-Rio and Young，2005），也有研究显示，越年轻及资产越低的家庭更易受到金融环境不利变化的影响（Brown and Taylor，2008）。如果居民通过银行等正规传统金融机构渠道获取信贷资金，则会受到一定客观或主观流动性约束，并且居民借款渠道的选择不仅会受贷款利率的影响，还会受家庭就业状况的影响（Zanin，2017）。国内学者对于居民负债行为影响因素的研究也有类似发现，何广文（1999）调查了我国农村金融情况，发现农村家庭有借款需求时，多采用民间借贷方式，而非从正规金融机构寻求贷款，家庭的收入越高，发生借贷的可能性越高，且负债家庭中以非生产性目的的资金借贷为主。我国居民家庭借贷"有限参与"现象普遍存在，收入和房产值高的居民更倾向于参与负债（柴时军和周利，2020），使用移动支付的居民家庭其负债程度可能更高，并且对于农村、中西部地区、中低收入及中高学历的家庭而言，其家庭债务风险与是否使用移动支付关系更紧密（柴时军，2020）。

　　既有研究对居民负债行为的影响因素已有丰富的探讨，但随着时代和技术的发展，新型的数字金融已经发展到能与传统金融相媲美，其带来的影响也不容忽视，却少有研究将其与家庭负债联系起来。本章从数字金融对家庭负债影响的研究角度出发，运用中国家庭金融调查微观数据展开实证研究，探讨数字金融对家庭负债的作用机制，进一步分析数字金融对家庭幸福感以及过度负债可能的影响，分析高收入和高财富家庭的异质性影响，深入理解数字金融对家庭负债的影响，为文献中理论分析发现提供实证证据，完善和补充现有文献研究。

6.1.3　理论基础

风险偏好与家庭储蓄和负债等家庭行为密切相关。本章从融资和投资角度，分析数字金融发展对融资家庭和投资家庭不同的影响路径和作用机制，分析数字金融发展对家庭负债的影响。数字金融发展影响借款者金融知识水平，凭借支付服务、融资便利性和引诱性或强迫性消费，或激励借款者创业，促使借款者参与金融市场。借款者主要是无法从银行等传统金融机构中获得贷款、没有财产抵押、信用等级不高等低收入群体（李悦雷等，2013）。数字金融可能促使借款者参与金融市场、提高风险偏好，数字金融发展通过投资渠道影响投资者。数字金融发展通过提供借款人更多信息、较高借贷利率吸引投资者参与金融市场，缓解借贷双方的信息不对称（王会娟和廖理，2014）。尽管存在投资者理性羊群效应，但市场上投资人仍存在风险认知上的不足，投资者风险识别能力较低（王修华等，2016），存在非理性行为。数字金融可能促使投资者提高风险偏好，增加家庭负债。

总结而言，从融资角度分析，数字金融发展可能推动金融知识的普及，鼓励家庭作为借款者参与金融市场或产生创业决策，增加家庭风险偏好和风险行为，增加家庭信贷和负债的可能性。从投资角度分析，数字金融发展可以起到信息中介作用，降低信息获取成本，缓解信息不对称，鼓励家庭作为投资者参与金融市场。与此同时，数字金融发展可能存在非理性或金融知识能力不足的风险，因此，家庭更多地参与金融市场可能会提高家庭风险偏好，进而提高家庭负债的可能性。

尽管大量文献关注数字金融发展对风险行为的影响，但鲜有文献为数字金融发展影响家庭参与者（借款者和投资者）的风险偏好提供实证证据。本章拟从家庭风险态度和家庭风险行为两个角度验证数字金融发展对家庭风险偏好的影响及其作用机制。阿斯利汉等（Aslihan et al.，2019）认为，家庭风险态度和风险行为存在不一致，金融素养可以通过鼓励家庭参与金融市场和持有风险金融资产来促进家庭风险态度和风险行为一致。参考阿斯利汉等（2019）的研究，本章将使用微观家庭调查数据，分别界定家庭风险态度和风险行为，从微观家庭、中观企业（家庭工商业）和宏观地区多层次构建数字金融发展与家庭风险偏好的实证模型，以期得出更为翔实可靠的结论。利用家庭层面微观调查数据度量家庭数字金融参与，使用问卷家庭主观风险态度调查和问卷彩票实验计算家庭风险厌恶系数，分析家庭资产负债表，以风险资产占比和股票市场参与度衡量家庭客观风险偏好行为。在县市层面，使用数字普惠金融指数作为数字金融发展指标，使用家庭风险偏好县市加总数据作为风险偏好指标。拟建立实证模型，控制文献中所用的控制变量，使用面板工具变量固定效应估计，检验数字金融对家庭风险偏好的影响，进而检验数字金融对家庭负债的影响。

本章从分析移动支付影响家庭消费心理账户以及边际消费倾向出发，研究移动支付降低家庭货币交易动机需求；分析数字金融发展降低家庭流动性约束，以更低、更便利的融资方式降低家庭预防动机方面的货币需求；探究提供更多家庭投资渠道选择影响家庭投机动机方面的货币需求。基于家庭货币需求理论研究数字金融发展对家庭储蓄行为的影响和作用机制。同时，本章也引入家庭边际消费倾向，深入分析数字金融发展对家庭收入和消费的影响，更清晰地展示数字金融发展对家庭储蓄的影响机制。在家庭储蓄方面，以往研究大多从信贷市场参与角度出发，关注数字金融发展对家庭消费的影响（易行健和周利，2018；Li et al.，2019），忽视了数字金融发展对家庭边际消费倾向的影响。本章内容将分析数字金融对家庭储蓄、家庭负债的影响。

家庭储蓄和家庭负债作为家庭行为决策时可能是相关的。若未考虑这种相关性的情况，单独考察数字金融对家庭储蓄、家庭负债的影响，估计结果是有偏的，特别是家庭储蓄和家庭负债在家庭消费行为中存在替代关系，家庭可能选择使用储蓄进行消费，也可能使用负债进行消费。在家庭层面，以家庭数字金融参与为解释变量，将家庭负债和家庭储蓄作为被解释变量。考虑到家庭负债和家庭储蓄作为家庭行为决策可能存在相关性，若在实证估计中仅考察家庭负债在数字金融和其他控制变量上的估计结果或家庭储蓄在数字金融和其他控制变量上的估计结果，其残差存在相关性，估计结果有偏。因此，本章将使用极大似然估计方法。

家庭负债和家庭储蓄均为连续变量。在假设其分布为正态分布的情况下，可以得到分布的概率密度函数，即：

$$f(x \mid \mu, \sigma^2) = \frac{1}{\sqrt{2\pi\sigma^2}} \exp\left(-\frac{(x-\mu)^2}{2\pi\sigma^2}\right)$$

因此，

$$f(x_1, x_2, \cdots, x_n \mid \mu, \sigma^2) = \prod_{i=1}^{n} f(x_i \mid \mu, \sigma^2)$$

$$= \left(\frac{1}{\sqrt{2\pi\sigma^2}}\right)^{n/2} \exp\left(-\frac{\sum_{i=1}^{n}(x-\mu)^2}{2\pi\sigma^2}\right)$$

从而得到似然函数：

$$\mathcal{L}(\mu, \sigma) = f(x_1, x_2, \cdots, x_n \mid \mu, \sigma)$$

在进行对数化处理后：

$$\log(\mathcal{L}(\mu, \sigma)) = -\frac{n}{2}\log(2\pi\sigma^2) - \frac{1}{2\sigma^2}\sum_{i=1}^{n}(x-\mu)^2$$

考虑到家庭负债和家庭储蓄两个变量可能存在的相关性，有：

$$f(y_1, y_2) = f(y_1)f(y_2)$$

计算家庭负债和家庭储蓄的协方差矩阵为 $\sum$ 后，多元正态分布下的联合概率密度函数为：

$$f(y_1, \cdots, y_n) = \frac{1}{(2\pi)^{\frac{n}{2}}\sqrt{\det(\sum)}} \exp\left(-\frac{1}{2}[y_1 - \mu_1, \cdots, y_n - \mu_n]\right.$$

$$\left.\sum{}^{-1}[y_1 - \mu_1, \cdots, y_n - \mu_n]^T\right)$$

得到：

$$f(y_1,y_n) = \frac{1}{(2\pi\sigma_1\sigma_2)\sqrt{1-\rho^2}}\exp\left[-\frac{1}{2(1-\rho^2)}\left(\frac{(y_1-\mu_1)^2}{\sigma_1^2}\right.\right.$$

$$\left.\left.-\frac{2\rho(y_1-\mu_1)(y_2-\mu_2)}{\sigma_1\sigma_2}+\frac{(y_2-\mu_2)^2}{\sigma_2^2}\right)\right]$$

本章将使用极大似然估计方法，在假设家庭储蓄和家庭负债两个行为决策相关时，计算家庭储蓄和家庭负债的协方差矩阵，构建似然函数并进行对数求解，更为准确地估计数字金融对家庭储蓄、家庭负债的影响。

6.2　居民家庭负债指标

6.2.1　研究设计

本章使用 2015～2019 年的西南财经大学中国家庭金融调查（CHFS）数据，实证检验数字金融对家庭负债的影响。CHFS 数据于 2015 年、2017年和 2019 年依次有 37 289 户、40 011 户和 34 643 户受访家庭。CHFS 问卷包含人口统计特征和家庭特征；样本分布于 29 个省份、367 个县（区、县级市）和 1 481 个社区，具有全国、省级和副省级城市代表性。CHFS 询问家庭是否拥有互联网理财产品以及家庭的资产负债情况，为本章研究数字金融对家庭负债的影响提供数据研究基础。

其一，家庭负债。家庭负债是本章的被解释变量。借鉴吴卫星等（2018）的研究，对家庭负债值进行取对处理。并在稳健性检验中，使用家庭是否持有负债进行检验，若家庭持有负债即为 1，否则为 0。

其二，数字金融。本章关注数字金融对家庭负债的影响。在中国家庭金融调查中，在受访者支出、金融资产类别中，凡是使用过移动支付、参与互联网理财产品以及网络借贷的居民均被定义为参与过数字金融，构建哑变量并赋值为 1；其余受访者定义为从未参与过数字金融，赋值为 0。

其三，其他变量。本章参照以往的文献，选取的控制变量包括：户主特征变量（年龄、性别、婚姻状况、受教育年限、工作状态、健康情况）、

家庭特征变量（家庭规模、家庭孩子数量、家庭期初净资产、家庭收入）
和地区特征变量（省份、城乡）。数据处理上，剔除变量中存在缺失值的
样本，保留样本量为 111 143 个家庭。表 6-1 汇报了样本中变量描述性统
计结果。从解释变量来看，我国整体数字金融发展程度并不高，为 20.4%。
这与张号栋等（2016）的发现，目前约 36% 的成年人被排斥在正规金融体
系之外相一致。这表明，我国数字金融的发展依然任重道远。从被解释变
量来看，我国家庭负债均值达到 55 763 元，且标准差为 294 734，表明不
同家庭借贷数额存在较大差异，最高负债达 4.066e+07 元。

表 6-1　　　　　　　　　　　主要变量的描述性统计

变量	观测数	平均值	标准差	最小值	最大值
数字金融	111 143	0.204	0.403	0	1
家庭负债（元）	111 143	55 763	294 734	0	4.066e+07
户主年龄	111 143	54.90	14.15	17	117
户主性别	111 143	0.769	0.422	0	1
户主婚姻状况	111 143	0.852	0.355	0	1
户主受教育程度	111 143	9.290	4.255	0	22
户主健康情况	111 143	0.441	0.496	0	1
户主工作	111 143	0.638	0.480	0	1
家庭规模	111 143	3.275	1.607	1	20
孩子数量	111 143	0.519	0.795	0	10
农村	111 143	0.328	0.469	0	1
家庭收入（元）	111 143	85 317	200 688	-5.493e+06	1.212e+07
家庭净资产（元）	111 143	999 288	6.950e+06	-2.571e+07	2.100e+09

　　本章将使用 CHFS 面板数据，实证检验数字金融对家庭负债的影响。
本章将模型设定为：

$$\ln(\text{Debt})_{it} = \alpha + \beta \text{Digital}_{it} + X_{it}\gamma + c_i + \varepsilon_{it} \tag{6-1}$$

其中，$\ln(\text{debt})_{it}$ 表示家庭 i 在 t 期的负债总额对数值。digital_{it} 表示家庭 i 在
t 期的数字金融发展情况。X_{it} 包括户主特征变量、家庭特征变量及农村等
宏观特征变量，c_i 为不随时间变化的混淆变量，ε_{it} 为误差项。

　　为分析数字金融对家庭负债的影响机制，本章考察了数字金融对家庭
创业的影响，数字金融对家庭风险偏好的影响。机制检验模型设定为：

$$\text{Entrepre}_{it} = \alpha + \beta \text{Digital}_{it} + X_{it}\gamma + c_i + \varepsilon_{it} \qquad (6-2)$$

$$\text{Risk\_Preference}_{it} = \alpha + \beta \text{Digital}_{it} + X_{it}\gamma + c_i + \varepsilon_{it} \qquad (6-3)$$

其中，Entrepre_{it} 表示家庭 i 在 t 期是否创业。$\text{Risk\_Preference}_{it}$ 表示家庭 i 在 t 期是否有股票账户作为家庭风险偏好的代理变量。X_{it} 包括户主特征变量、家庭特征变量及农村等宏观特征变量，c_i 为不随时间变化的混淆变量，ε_{it} 为误差项。

6.2.2　实证结果

本节使用模型（6-1）实证检验数字金融对家庭负债的影响。表6-2 报告了数字金融对家庭负债的实证结果。第（1）列使用普通最小二乘进行估计，第（2）使用面板固定效应模型进行估计，面板固定效应估计可以消除不随时间变化的混淆变量。由第（1）列可知，数字金融对家庭负债的估计系数为1.1137，在1%的置信水平下显著，表明数字金融对家庭负债规模有显著的正向影响。第（2）列则使用面板固定效应，消除潜在不随时间变化的混淆变量对估计结果的偏误影响，估计系数为0.5452，在1%的置信水平下显著，表明数字金融能够使家庭负债规模显著提高54.52%。这一结论可能与数字金融发展缓解借贷双方的信息不对称（王会娟和廖理，2014），减弱家庭信贷约束相关。

表6-2　　　　　　　　　　数字金融与家庭负债

项目	(1) OLS	(2) FE
数字金融	1.1137 *** (0.047)	0.5452 *** (0.067)
户主年龄	−0.0724 *** (0.007)	0.0072 (0.017)
户主年龄平方	−0.0000 (0.000)	−0.0003 * (0.000)
户主男性	−0.1022 *** (0.036)	−0.0550 (0.066)

续表

项目	(1) OLS	(2) FE
户主已婚	0.2508 *** (0.042)	0.0768 (0.090)
户主受教育程度	0.0649 *** (0.004)	0.0100 (0.010)
户主健康	-0.4426 *** (0.030)	-0.3170 *** (0.045)
户主工作	0.5082 *** (0.035)	0.0878 (0.057)
家庭规模	0.4477 *** (0.014)	0.3615 *** (0.025)
孩子数量	0.0573 ** (0.029)	-0.0782 (0.057)
农村	0.1940 *** (0.035)	-0.0469 (0.211)
ln（家庭收入）	-0.0119 ** (0.005)	-0.0078 (0.007)
ln（家庭净资产）	-0.2593 *** (0.002)	-0.2185 *** (0.005)
省份	控制	
年份	控制	控制
样本量	111 143	111 143
Adj. R²	0.163	0.056

注：***、**、*分别表示在1%、5%、10%的水平下显著，括号内为异方差稳健标准误。

收入会显著地影响居民家庭债务行为（Mian，2017）。因此，本节关心高收入在数字金融对家庭负债中的作用，在模型中加入了数字金融和高收入的交互项，表6-3报告了估计结果。具体而言，由第（1）列使用普通最小二乘法的估计结果可知，数字金融和高收入的交互项对家庭负债的估计系数为0.4852，在1%的置信水平下显著，即在高收入家庭中，数字金融促使家庭负债提高48.52%。由第（2）列使用面板固定效应的估计结果可知，数字金融和高收入的交互项对家庭负债的估计系数为0.3975，在

1% 的置信水平下显著，表明高收入在数字金融对家庭负债中有显著的促进作用。因为高收入家庭往往会更倾向于风险投资，具有更高的风险偏好，因此，其会利用投资中的杠杆机制产生更多的负债行为。此外，高收入往往伴随着高消费，故相对于低收入家庭，高收入将会存在更高负债的可能。

表 6-3   数字金融对家庭负债影响的高收入异质性

项目	(1) OLS	(2) FE
数字金融	0.7293 *** (0.066)	0.2771 *** (0.096)
数字金融×高收入	0.4852 *** (0.080)	0.3975 *** (0.114)
高收入	0.5823 *** (0.037)	0.2590 *** (0.056)
户主年龄	-0.0684 *** (0.007)	0.0080 (0.017)
户主年龄平方	-0.0000 (0.000)	-0.0003 ** (0.000)
户主男性	-0.0834 ** (0.036)	-0.0544 (0.066)
户主已婚	0.1854 *** (0.042)	0.0644 (0.089)
户主受教育程度	0.0493 *** (0.004)	0.0094 (0.010)
户主健康	-0.4724 *** (0.030)	-0.3215 *** (0.045)
户主工作	0.4931 *** (0.035)	0.0759 (0.057)
家庭规模	0.4040 *** (0.015)	0.3396 *** (0.025)
孩子数量	0.0967 *** (0.029)	-0.0681 (0.057)

续表

项目	(1) OLS	(2) FE
农村	0.2721*** (0.035)	-0.0406 (0.211)
ln（家庭收入）	-0.0495*** (0.006)	-0.0216*** (0.007)
ln（家庭净资产）	-0.2656*** (0.002)	-0.2195*** (0.005)
省份	控制	
年份	控制	控制
样本量	111 143	111 143
Adj. R²	0.167	0.057

注：***、**分别表示在1%、5%的水平下显著，括号内为异方差稳健标准误。

本节进一步考察高财富在数字金融对家庭负债中的作用，在模型中加入了数字金融和高财富的交互项。表6-4报告了估计结果。在表6-4中，第（1）列使用普通最小二乘法进行估计，第（2）列使用面板固定效应估计的方法进行估计。由第（1）列可知，数字金融和高财富的交互项对家庭负债的估计系数为0.5362，在1%的置信水平下显著。这表明，数字金融和高财富的交互项促使家庭负债显著提高53.62%。第（2）列使用面板固定效应估计的方法，得到数字金融和高财富的交互项对家庭负债的估计系数为0.2651，在1%的置信水平下显著。第（2）列使用面板固定效应估计方法，消除了可能存在的、不随时间变化的遗漏变量带来的估计偏误，结果更为可靠。这表明，高财富在数字金融对家庭负债中有显著的促进作用。一方面，高财富家庭往往更加注重投资的多元化，同时也拥有富余的资金用于高风险的投资计划；另一方面，凭借高财富条件，该类家庭会存在更多的创业机会，因而更加倾向于借入更多资金创造高额利润。

表6-4　　　　　数字金融对家庭负债影响的高财富异质性

项目	(1) OLS	(2) FE
数字金融	0.6158*** (0.067)	0.3332*** (0.098)

续表

项目	（1） OLS	（2） FE
数字金融×高财富	0.5362 *** （0.080）	0.2651 ** （0.115）
高财富	1.1382 *** （0.036）	0.6017 *** （0.061）
户主年龄	− 0.0830 *** （0.007）	0.0057 （0.017）
户主年龄平方	0.0001 （0.000）	− 0.0003 * （0.000）
户主男性	− 0.0593 * （0.036）	− 0.0620 （0.066）
户主已婚	0.1770 *** （0.042）	0.0610 （0.089）
户主受教育程度	0.0384 *** （0.004）	0.0090 （0.010）
户主健康	− 0.5117 *** （0.030）	− 0.3263 *** （0.045）
户主工作	0.5384 *** （0.035）	0.0849 （0.057）
家庭规模	0.4168 *** （0.014）	0.3483 *** （0.025）
孩子数量	0.0792 *** （0.029）	− 0.0792 （0.057）
农村	0.4222 *** （0.035）	− 0.0528 （0.212）
ln（家庭收入）	− 0.0229 *** （0.005）	− 0.0101 （0.007）
ln（家庭净资产）	− 0.3084 *** （0.002）	− 0.2337 *** （0.005）
省份	控制	
年份	控制	控制
样本量	111 143	111 143
Adj. R^2	0.173	0.059

注：*** 、** 、* 分别表示在1%、5%、10%的水平下显著，括号内为异方差稳健标准误。

6.3 家庭幸福感和过度负债

6.3.1 数字金融与家庭幸福感

家庭资产、负债水平也是影响居民幸福的重要因素，资产总额越高、负债越低的家庭幸福的可能性越高（李江一等，2015）。因此，本节进一步分析数字金融对家庭幸福感的影响。表6－5汇报了实证结果。第（1）列和第（2）列分别使用普通最小二乘法和面板固定效应进行估计。由第（1）列可知，数字金融对居民幸福感有显著的抑制作用，回归系数为－0.0281，且在1%的置信水平下显著，即居民参与数字金融，其幸福的可能性将会降低2.8%。此外，由第（2）列可知，数字金融仍会显著降低居民幸福感，回归系数为－0.0292，且在1%的置信水平下显著。

表6－5　　　　　　数字金融对家庭幸福感的影响

项目	(1) OLS	(2) FE
数字金融	－0.0281*** (0.004)	－0.0292*** (0.007)
年龄	－0.0083*** (0.001)	－0.0043** (0.002)
户主年龄平方	0.0001*** (0.000)	0.0001*** (0.000)
户主男性	－0.0236*** (0.004)	－0.0134* (0.007)
户主已婚	0.1027*** (0.004)	0.0463*** (0.010)
户主受教育程度	0.0018*** (0.000)	0.0005 (0.001)
户主健康	0.1688*** (0.003)	0.0922*** (0.005)

续表

项目	(1) OLS	(2) FE
户主工作	0.0145 *** (0.004)	0.0110 * (0.006)
家庭规模	− 0.0063 *** (0.001)	− 0.0057 ** (0.003)
孩子数量	0.0139 *** (0.003)	− 0.0017 (0.006)
农村	0.0252 *** (0.003)	0.0089 (0.024)
ln（家庭收入）	0.0057 *** (0.000)	0.0030 *** (0.001)
ln（家庭净资产）	0.0072 *** (0.000)	0.0021 *** (0.001)
省份	控制	
年份	控制	控制
样本量	110 603	110 603
Adj. R^2	0.070	0.032

注：*** 、** 、* 分别表示在 1%、5%、10% 的水平下显著，括号内为异方差稳健标准误。

6.3.2 数字金融与家庭过度负债

借鉴吴卫星等（2018）的研究，本节以 0.5 作为家庭负债收入比的阈值，如果家庭实际负债收入比超过该阈值，则表明家庭过度负债，反之则没有过度负债。表 6 - 6 报告了数字金融对家庭过度负债的影响的实证结果。其中，第（1）列使用普通最小二乘法估计数字金融对家庭过度负债的影响，估计系数为 0.0556，在 1% 的置信水平下显著。第（2）列面板固定效应估计数字金融对家庭过度负债的影响，得到的估计系数为 0.0197，也在 1% 的置信水平下显著。这表明，居民参与数字金融，其家庭过度负债的可能性将会提高 1.97%。结论表明，数字金融的普及不仅会增加家庭负债，而且会致使部分家庭将面临过度负债的风险，究其根本，可能与数字金融发展导致投资多元化以及投资杠杆增高有关。

表 6 - 6　　　　　　　　数字金融对家庭过度负债的影响

项目	(1) OLS	(2) FE
数字金融	0. 0556 *** (0. 004)	0. 0197 *** (0. 006)
户主年龄	- 0. 0042 *** (0. 001)	- 0. 0010 (0. 002)
户主年龄平方	- 0. 0000 ** (0. 000)	- 0. 0000 (0. 000)
户主男性	- 0. 0057 * (0. 003)	0. 0007 (0. 006)
户主已婚	0. 0275 *** (0. 004)	0. 0167 ** (0. 008)
户主受教育程度	0. 0027 *** (0. 000)	0. 0004 (0. 001)
户主健康	- 0. 0280 *** (0. 002)	- 0. 0209 *** (0. 004)
户主工作	- 0. 0013 (0. 003)	- 0. 0257 *** (0. 005)
家庭规模	0. 0163 *** (0. 001)	0. 0059 *** (0. 002)
孩子数量	0. 0148 *** (0. 002)	0. 0059 (0. 005)
农村	0. 0044 (0. 003)	- 0. 0117 (0. 018)
ln（家庭收入）	0. 0009 ** (0. 000)	0. 0048 *** (0. 001)
ln（家庭净资产）	- 0. 0229 *** (0. 000)	- 0. 0197 *** (0. 001)
省份	控制	
年份	控制	控制
样本量	111 143	111 143
Adj. R^2	0. 116	0. 048

注：*** 、** 、* 分别表示在 1%、5%、10% 的水平下显著，括号内为异方差稳健标准误。

6.4 家庭创业与风险偏好

6.4.1 数字金融与家庭创业

中小企业的融资环境由于数字金融的发展得到改善，这在一定程度上缓解了中小企业融资非价格壁垒和成本高的问题（Boskov and Drakulevski，2018）。谢绚丽等（2018）对企业创业行为的研究发现，数字金融显著提升了企业创业的活跃度，且对鼓励较落后地区的企业及小微企业的创业促进作用更为显著。因此，数字金融可能通过促进家庭创业，进一步提高家庭负债规模。本节基于模型（6-2）研究了数字金融对家庭创业影响。表6-7报告了实证模型的估计结果。表6-7中，第（1）列使用普通最小二乘法估计数字金融对家庭创业的估计系数为0.0662，在1%的置信水平下显著。这表明，数字金融显著提高了家庭创业的可能性。第（2）列使用面板固定效应的估计方法，得到数字金融对家庭创业的估计系数是0.0119，在1%的置信水平下显著。这表明，企业参与数字金融，家庭创业的可能性显著提高了1.19%。第（1）列和第（2）列都表明数字金融显著提高了家庭创业的可能。这与谢绚丽等（2018）的研究发现一致。

表6-7 数字金融对家庭创业的影响

项目	(1) OLS	(2) FE
数字金融	0.0662 *** (0.003)	0.0119 *** (0.004)
户主年龄	-0.0036 *** (0.000)	-0.0005 (0.001)
户主年龄平方	0.0000 *** (0.000)	0.0000 (0.000)
户主男性	0.0025 (0.003)	-0.0050 (0.004)

续表

项目	(1) OLS	(2) FE
户主已婚	0.0103 *** (0.003)	− 0.0059 (0.005)
户主受教育程度	− 0.0035 *** (0.000)	0.0009 (0.001)
户主健康	0.0291 *** (0.002)	0.0051 * (0.003)
户主工作	0.0812 *** (0.002)	0.0437 *** (0.004)
家庭规模	0.0248 *** (0.001)	0.0211 *** (0.002)
孩子数量	− 0.0004 (0.002)	− 0.0076 ** (0.004)
农村	− 0.0912 *** (0.003)	0.0071 (0.013)
ln（家庭收入）	− 0.0058 *** (0.000)	− 0.0018 *** (0.001)
ln（家庭净资产）	0.0063 *** (0.000)	0.0022 *** (0.000)
省份	控制	
年份	控制	控制
样本量	111 135	111 135
Adj. R^2	0.095	0.017

注：***、**、*分别表示在1%、5%、10%的水平下显著，括号内为异方差稳健标准误。

程郁和罗丹（2009）在埃文斯和约万诺维奇（Evans and Jovanovic，1989）的基础上，改进流动性约束下创业模型，认为农户如果无法满足最低创业资本要求，则会继续打工与生计型生产。因此，本节认为，创业可能会对家庭债务产生影响。表6－8报告了创业对家庭负债影响的估计结果。第（1）列和第（2）列分别使用普通最小二乘法和面板固定效应进行估计。由第（1）列可知，创业对家庭负债具有显著的正向作用，回归系数为1.5361，且在1%的置信水平下显著，即家庭参与创业，其负债的可能性将会提高 1.54% 。此外，由第（2）列可知，创业也会显著提高家庭负债的可能，回归系数为 1.0850，且在 1% 的置信水平下显著，与前述分析一致。

表 6 - 8 创业对家庭负债的影响

项目	（1） OLS	（2） FE
创业	1. 5361 *** （0. 050）	1. 0850 *** （0. 090）
户主年龄	− 0. 0776 *** （0. 007）	0. 0175 （0. 017）
户主年龄平方	0. 0000 （0. 000）	− 0. 0004 *** （0. 000）
户主男性	− 0. 1175 *** （0. 036）	− 0. 0410 （0. 066）
户主已婚	0. 2013 *** （0. 042）	0. 0757 （0. 089）
户主教育	0. 0820 *** （0. 004）	0. 0108 （0. 010）
户主健康	− 0. 4650 *** （0. 030）	− 0. 3180 *** （0. 045）
户主工作	0. 3947 *** （0. 036）	0. 0381 （0. 057）
家庭规模	0. 4361 *** （0. 014）	0. 3522 *** （0. 025）
孩子数量	0. 0407 （0. 029）	− 0. 0739 （0. 057）
农村	0. 2611 *** （0. 035）	− 0. 0769 （0. 211）
ln（家庭收入）	0. 0009 （0. 005）	− 0. 0050 （0. 007）
ln（家庭净资产）	− 0. 2648 *** （0. 002）	− 0. 2201 *** （0. 005）
省份	控制	

续表

项目	(1) OLS	(2) FE
年份	控制	控制
样本量	111 135	111 135
Adj. R^2	0.169	0.059

注：*** 表示在 1% 的水平下显著，括号内为异方差稳健标准误。

6.4.2　数字金融与家庭风险偏好

本章通过实证研究发现，数字金融显著提高家庭负债。本节从家庭风险偏好角度研究数字金融和家庭负债的机制，发现创业可能是通过提高家庭风险偏好，进而提高家庭负债。本章基于模型（6-3）研究了数字金融对家庭风险偏好的影响，表 6-9 报告了估计结果。表 6-9 中，第（1）列和第（2）列展示了普通最小二乘法和面板固定效应的估计结果。由第（1）列可知，数字金融对家庭风险偏好有显著的正向影响，估计系数为 0.0819，在 1% 的置信水平下显著。这表明，当居民参与数字金融时，家庭风险偏好显著提高 8.19%。第（2）列使用面板固定效应，得到数字金融对家庭风险偏好的估计系数为 0.0171，在 1% 的置信水平下显著，表明数字金融显著提高了家庭风险偏好。这可能与数字金融提高家庭借贷便利有关。

表 6-9　　　　　　　　　数字金融对家庭风险偏好的影响

项目	(1) OLS	(2) FE
数字金融	0.0819 *** (0.003)	0.0171 *** (0.003)
户主年龄	0.0045 *** (0.000)	-0.0006 (0.001)
户主年龄平方	-0.0000 *** (0.000)	0.0000 (0.000)
户主男性	-0.0209 *** (0.002)	0.0007 (0.003)

续表

项目	(1) OLS	(2) FE
户主已婚	0.0138 *** (0.002)	- 0.0015 (0.004)
户主受教育程度	0.0134 *** (0.000)	0.0006 (0.000)
户主健康	0.0004 (0.002)	- 0.0060 *** (0.002)
户主工作	0.0004 (0.002)	0.0045 ** (0.002)
家庭规模	- 0.0080 *** (0.001)	0.0007 (0.001)
孩子数量	0.0042 *** (0.001)	- 0.0021 (0.002)
农村	- 0.0317 *** (0.001)	- 0.0020 (0.004)
ln（家庭收入）	0.0008 *** (0.000)	- 0.0000 (0.000)
ln（家庭净资产）	0.0040 *** (0.000)	0.0007 *** (0.000)
省份	控制	
年份	控制	控制
样本量	110 987	110 987
Adj. R^2	0.144	0.005

注：*** 、** 分别表示在 1%、5% 的水平下显著，括号内为异方差稳健标准误。

当贷款申请者更偏好高风险高回报的资产时，可能会通过负债的方式来追求回报。因此，本节关注风险偏好对家庭负债的影响。表 6 - 10 汇报了风险偏好对家庭负债影响的实证结果。其中，第（1）列使用普通最小二乘法估计风险偏好对家庭负债的估计系数为 1.1291，在 1% 的置信水平下显著。这表明，居民的风险偏好显著提高了家庭负债的可能性。第（2）列使用面板固定效应估计方法，得到风险偏好对家庭负债的估计系数为 0.3290，在 1% 的置信水平下显著，表明风险偏好能够使家庭负债显著增加 32.90%。对此可能的解释是，风险偏好增加了家庭投资的可能，从而导致更多的家庭负债。

表 6 - 10 风险偏好对家庭负债的影响

项目	(1) OLS	(2) FE
风险偏好	1. 1291 *** (0. 061)	0. 3290 *** (0. 117)
户主年龄	- 0. 0882 *** (0. 007)	0. 0170 (0. 017)
户主年龄平方	0. 0001 (0. 000)	- 0. 0004 ** (0. 000)
户主男性	- 0. 0920 ** (0. 036)	- 0. 0503 (0. 066)
户主已婚	0. 2040 *** (0. 042)	0. 0733 (0. 090)
户主教育	0. 0618 *** (0. 004)	0. 0117 (0. 010)
户主健康	- 0. 4197 *** (0. 030)	- 0. 3116 *** (0. 045)
户主工作	0. 5181 *** (0. 036)	0. 0818 (0. 057)
家庭规模	0. 4835 *** (0. 014)	0. 3771 *** (0. 025)
孩子数量	0. 0336 (0. 029)	- 0. 0847 (0. 057)
农村	0. 1572 *** (0. 035)	- 0. 0677 (0. 212)
ln（家庭收入）	- 0. 0092 * (0. 005)	- 0. 0072 (0. 007)
ln（家庭净资产）	- 0. 2596 *** (0. 002)	- 0. 2175 *** (0. 005)
省份	控制	
年份	控制	控制
样本量	110 987	110 987
Adj. R^2	0. 162	0. 055

注：***、**、*分别表示在1%、5%、10%的水平下显著，括号内为异方差稳健标准误。

6.5　不同样本、变量定义和使用工具变量

6.5.1　剔除户主 60 岁以上家庭样本

为了缓解异常值带来的估计偏误，更加准确地反映家庭的实际债务负担。本节将样本中户主年龄在 60 岁以上家庭剔除，表 6 - 11 报告了普通最小二乘法和面板固定效应的估计结果。由第（1）列可知，数字金融对家庭负债的估计系数为 1.0665，估计结果在 1% 的置信水平下显著。这表明，剔除户主年龄在 60 岁以上家庭样本后，数字金融每发展 1 个单位，家庭负债显著增长 1.07%。由第（2）列面板固定效应估计结果可知，数字金融对家庭负债存在显著的正向影响，估计系数为 0.4977，在 1% 的置信水平下显著，意味着数字金融每发展 1 个单位，家庭负债显著增长 0.50%。估计结果与本章基准结果保持一致，表明了本章研究结果的稳健性。

表 6 - 11　　　　　　　　剔除户主 60 岁以上家庭样本

项目	（1）OLS	（2）FE
数字金融	1.0665 *** (0.061)	0.4977 *** (0.092)
户主年龄	0.1211 *** (0.018)	0.1640 *** (0.053)
户主年龄平方	- 0.0022 *** (0.000)	- 0.0022 *** (0.001)
户主男性	- 0.0554 (0.051)	- 0.0564 (0.098)
户主已婚	0.6795 *** (0.066)	0.1858 (0.161)
户主受教育程度	0.1093 *** (0.006)	0.0143 (0.017)

续表

项目	(1) OLS	(2) FE
户主健康	- 0. 5622 *** (0. 041)	- 0. 3979 *** (0. 066)
户主工作	0. 4796 *** (0. 052)	0. 1118 (0. 087)
家庭规模	0. 3696 *** (0. 019)	0. 3684 *** (0. 037)
孩子数量	0. 0694 ** (0. 034)	- 0. 0534 (0. 077)
农村	0. 3061 *** (0. 048)	- 0. 0825 (0. 312)
ln（家庭收入）	- 0. 0099 (0. 006)	- 0. 0100 (0. 009)
ln（家庭净资产）	- 0. 2513 *** (0. 003)	- 0. 2019 *** (0. 006)
省份	控制	
年份	控制	控制
样本量	70 364	70 364
Adj. R²	0. 099	0. 047

注：***、** 分别表示在 1%、5% 的水平下显著，括号内为异方差稳健标准误。

6.5.2　更换负债定义为家庭是否拥有负债

考虑到家庭负债规模可能会存在差别较大的情况，为了更好地衡量家庭负债，本节参考吴卫星等（2018）的研究，以家庭是否拥有负债定义家庭负债。表 6 - 12 报告了更换负债定义后数字金融对家庭负债的影响。其中，第（1）列使用普通最小二乘法得到数字金融对家庭负债的估计系数为 0. 0922，在 1% 的置信水平下显著。这表明，数字金融显著提高了家庭负债。第（2）列使用面板固定效应的估计方法，得到数字金融对家庭负债的估计系数为 0. 0477，在 1% 的置信水平下显著，即更换负债定义后，居民参与数字金融显著促进家庭负债增加 4. 77%。估计结果表明，数字金融对家庭负债存在显著的正向影响，与本章研究发现一致，表明了本章研究结果的稳健性。

表 6 - 12　　　　　　　　　更换负债定义为家庭是否拥有负债

项目	(1) OLS	(2) FE
数字金融	0.0922 *** (0.004)	0.0477 *** (0.006)
户主年龄	− 0.0051 *** (0.001)	0.0005 (0.002)
户主年龄平方	− 0.0000 ** (0.000)	− 0.0000 * (0.000)
户主男性	− 0.0050 (0.003)	− 0.0080 (0.006)
户主已婚	0.0117 *** (0.004)	0.0037 (0.009)
户主受教育程度	0.0035 *** (0.000)	0.0009 (0.001)
户主健康	− 0.0502 *** (0.003)	− 0.0323 *** (0.004)
户主工作	0.0493 *** (0.003)	0.0095 * (0.006)
家庭规模	0.0399 *** (0.001)	0.0317 *** (0.002)
孩子数量	0.0041 (0.003)	− 0.0084 (0.005)
农村	0.0394 *** (0.003)	− 0.0083 (0.021)
ln（家庭收入）	− 0.0019 *** (0.000)	− 0.0010 (0.001)
ln（家庭净资产）	− 0.0222 *** (0.000)	− 0.0177 *** (0.000)
省份	控制	
年份	控制	控制
样本量	111 143	111 143
Adj. R^2	0.156	0.043

注：***、**、*分别表示在 1%、5%、10% 的水平下显著，括号内为异方差稳健标准误。

6.5.3　使用工具变量

参考尹志超等（2019）更换工具变量进行稳健性检验的方法，本节使用同一区县其他家庭数字金融的比例作为数字金融的工具变量，分别使用两阶段最小二乘法和面板工具变量固定效应估计，重新估计数字金融对家庭负债的影响。

表6-13报告了使用工具变量后数字金融对家庭负债的影响。其中，第（1）列使用两阶段最小二乘法得到数字金融对家庭负债的估计系数为2.7693，在1%的置信水平下显著。第（2）列使用面板工具变量固定效应的估计方法，消除了不随时间变化的遗漏变量可能导致的估计结果偏差，得到数字金融对家庭负债的估计系数为3.3399，在1%的置信水平下显著。这表明，数字金融显著提高家庭负债的可能性。同时，这也表明，本章研究结论是稳健的。

表6-13　　　　　　　　　　　　使用工具变量

项目	(1) 2SLS	(2) FE 2SLS
数字金融	2.7693 *** (0.297)	3.3399 *** (0.410)
户主年龄	-0.0548 *** (0.008)	0.0484 *** (0.018)
户主年龄平方	-0.0001 (0.000)	-0.0005 *** (0.000)
户主男性	-0.0832 ** (0.036)	-0.0246 (0.066)
户主已婚	0.3060 *** (0.043)	0.1835 ** (0.091)
户主受教育程度	0.0455 *** (0.005)	-0.0241 ** (0.011)
户主健康	-0.4794 *** (0.030)	-0.3751 *** (0.045)

续表

项目	(1) 2SLS	(2) FE 2SLS
户主工作	0.4896 *** (0.036)	0.0391 (0.057)
家庭规模	0.4042 *** (0.016)	0.2839 *** (0.027)
孩子数量	0.0858 *** (0.029)	− 0.0283 (0.057)
农村	0.3132 *** (0.041)	0.1576 (0.213)
ln（家庭收入）	− 0.0181 *** (0.006)	− 0.0182 ** (0.007)
ln（家庭净资产）	− 0.2661 *** (0.003)	− 0.2300 *** (0.005)
省份	控制	
年份	控制	控制
样本量	111 143	111 143
Adj. R^2	0.159	0.056

注：***、** 分别表示在 1%、5% 的水平下显著，括号内为异方差稳健标准误。

6.6　本章小结

本章使用 2015～2019 年中国家庭金融调查数据，建立实证模型检验数字金融对家庭负债的影响及其作用机制，进一步分析了数字金融对家庭幸福感以及过度负债可能的影响，讨论了高收入和高财富在数字金融对家庭负债的异质性影响。基准结果表明，数字金融显著提高了家庭负债。进一步的分析结果表明，数字金融显著地降低了家庭幸福感，增大了家庭过度负债的可能。机制检验表明，数字金融通过影响家庭创业以及家庭风险偏好来影响家庭负债。异质性分析发现，高收入以及高财富在数字金融对家庭负债中有显著的促进作用。通过剔除户主年龄在 60 岁以上家庭样本、更换负债定义为家庭是否拥有负债及使用工具变量三种稳健性检验，表明本章研究发现是稳健的。

基于研究发现，本章提出以下政策建议。

第一，引导数字金融良性发展。利用数字金融更加快捷的优势，不断挖掘和拓宽数字金融在支付、信贷、征信等方面的服务水平和范围，促使其促进经济长足增长。同时强化数字金融在提升支付便利性、缓解居民流动性约束的功能以及其促进民众创业和改善民生中的积极作用，进而释放消费需求，推动数字经济持续健康发展，更好地实现数字金融的普惠性价值。

第二，在数字金融发展的同时注意风险防控。数字金融促进消费发展的同时，居民负债率也在不断提高。若居民将负债维持在合理的区间则有利于平滑消费，实现效用最大化，但当居民负债超出合理范围时则会导致家庭面临较大的财务风险。因此，要把控好居民使用数字金融服务过程中家庭债务的过快增长态势，关注居民风险管理情况，抑制其过度负债行为。建议借助大数据风控技术开展风险评估，加强征信体系建设，完善风险预警机制等。

第三，缩小家庭居民之间的收入和财富差距。增加低收入、低财富群体的社会保障，防止家庭收入、财富的两极分化，真正起到降低收入差距、降低财富差距、家庭部门债务风险可控的作用，最终实现共同富裕。对于低收入、低财富群体居民家庭而言，家庭债务持续增加，如果此时受到外部经济环境的不利冲击，可能会致使资金流动性紧张与家庭财务脆弱性恶化，进而诱发债务违约。因此，在数字金融不断发展的背景下，应该关注低收入、低财富群体的社会保障问题。

第7章

数字金融与家庭债务风险

7.1 家庭债务风险

7.1.1 研究背景

本章基于数字金融发展对家庭负债、家庭储蓄的影响，揭示数字金融发展与家庭债务风险的因果关系，然后使用机器学习算法预测中国潜在高债务风险家庭。

数字金融发展降低家庭的信贷排斥，可能引发家庭债务风险。本章梳理数字金融发展和家庭债务风险的文献。基于数字金融发展鼓励融资家庭和投资家庭提高风险偏好，通过家庭消费和边际消费倾向影响家庭储蓄行为，本章旨在揭示数字金融发展与家庭债务风险的因果关系。

一方面，数字金融发展可以有效降低信息不对称和交易成本，鼓励因客观因素导致信贷排斥家庭参与金融市场。数字金融发展降低信贷排斥的同时，实现了以储蓄、信贷、支付和保险为代表的金融普惠（尹志超等，2019），促进家庭参与金融市场。

　　另一方面，数字金融监管受到挑战，网贷行业市场总体良莠不齐（朱家祥等，2018），投资金融知识不足，投资存在非理性，金融市场参与如股票和基金参与，可能不会促进家庭收入的显著提高（廖理和张金宝，2011），反而使得家庭收入呈现降低趋势。数字金融发展提高借贷便利性，缓解家庭流动性约束（易行健和周利，2018），促进家庭消费。同时，数字金融发展可能会降低家庭储蓄，从而导致家庭过度负债，家庭潜在债务风险增加。

　　本章以数字金融发展为切入点，将家庭负债和家庭储蓄作为核心机制，揭示数字金融发展与家庭债务风险之间的因果关系。在以往研究中，数字金融发展降低信息不对称，鼓励家庭参与金融市场，以便利性和低成本吸引更多家庭获得信贷。现有文献研究发现，部分借款家庭是没有财产抵押、信用等级不高的低收入群体，部分投资家庭对于风险认知不足，这可能导致家庭冒更高风险过度负债，进而落入负债陷阱。以往研究未深入对家庭过度负债带来的债务风险进行探讨。本章构建家庭债务风险的度量指标，以数字金融发展为切入点，建立实证模型检验数字金融发展对家庭债务风险的影响，揭示数字金融发展对家庭债务风险的作用机制，丰富和补充数字金融发展的研究文献，为深入分析数字金融发展提供研究思路。

　　本章旨在揭示数字金融发展和家庭债务风险的因果关系。自行开发家庭债务风险的度量指标，基于家庭当期资产负债表预测未来陷入负债陷阱的可能性。参考文献定义关键变量，在家庭层面，使用家庭债务风险作为被解释变量，以家庭数字金融指标为解释变量。在县市层面，使用县市家庭平均债务风险作为被解释变量，以数字普惠金融指数为解释变量。建立实证模型，根据文献选择合适的工具变量，使用面板工具变量固定效应估计：

$$\text{DebtTrap}_{it} = \alpha + \beta \text{DigitalFinance}_{it} + X_{it}\gamma + c_i + \text{year}_t + \varepsilon_{it}$$

其中，在家庭层面，DebtTrap_{it} 为家庭债务风险，$\text{DigitalFinance}_{it}$ 为家庭数字金融指标，X_{it} 为家庭特征变量，c_i 为不随时间变化的遗漏混淆变量，year_t 为年份固定效应，ε_{it} 为其他可能产生影响但未能被模型捕获的因素。在县市层面，DebtTrap_{it} 为县市家庭平均债务风险，$\text{DigitalFinance}_{it}$ 为数字普惠金融指数，X_{it} 为地区特征变量。

7.1.2　文献综述

金融发展可以将普通公众更广泛地纳入金融体系（称为金融包容）。金融包容性是通过传统方法如消除现有金融机构的歧视性贷款实现的（Ladd，1998），或者通过对等贷款的替代方法（Davis and Murphy，2016）以及小额金融机构（Mushtaq and Bruneau，2019）。然而，金融部门的持续发展，扩大了转移和分配稀缺资金以及刺激经济增长的替代手段。金融技术为货币和金融包容民主化创造了新的可能（Gabor and Brooks，2017）。随着各国政府和世界银行越来越重视基于数字的金融包容性，该领域的文献也在不断扩展（Demirgüç-Kunt and Klapper，2013；Ren et al.，2018；Gabor and Brooks，2017；Ozili，2018；Mushtaq and Bruneau，2019）。

本章的研究通过调查技术进步扩大信贷市场准入对家庭福祉的影响，为这一系列文献提供补充。数字金融时代开始以来，数字贷款已成为日常生活的一部分。因此，研究其对家庭的影响是使得金融部门更全面、健康发展的必然步骤。穆什塔克和布鲁诺（Mushtaq and Bruneau，2019）认为，虽然经济学家和政策制定者理解金融发展对贫困、不平等和经济增长的影响至关重要，但需要进一步研究，以探索与金融技术（Fintech）相关的风险及其对无银行部分社会提供金融服务的影响。

穆什塔克和布鲁诺（2019）研究了信息和通信技术（ICT）鼓励金融包容减少贫困和不平等方面的作用。然而，他们的研究是在总体层面上进行的，重点是小额信贷机构和银行。加伯尔和布鲁克斯（Gabor and Brooks，2017）认为，小额信贷模式并没有像最初声称的那样让穷人受益。另外，本章的研究侧重于数字贷款。本章使用北京大学的中国数字金融包容性指数和中国家庭金融调查，能够处理使用数字金融超过十年的国家的大规模家庭层面数据（Huang and Wang，2017），将更容易进入信贷市场视为流动性冲击，观察了家庭借贷、消费和福利是如何受到影响的。本章模型帮助衡量数字金融如何通过改变边际消费倾向来改变家庭行为。

研究结果表明，一方面，数字金融的普及提高了信贷市场的参与度，这一点可以从家庭借贷的增加中得到反映。通过数字平台更容易进入信贷市场，改变边际消费倾向可以进一步引导消费。因此，乍一看，基于数字的金融包容性增加了家庭幸福感。另一方面，更容易进入信贷市场也增加了财务困境的风险，这对家庭幸福感有负面影响。总体来说，本章结果强调了金融市场谨慎包容的重要性。

徐（Xu, 2017）认为，由于数据稀缺，有关互联网金融的文献有限。本章通过使用广泛接受数字金融的发展中经济体的大规模粒度数据集对数字贷款进行全面分析，为文献作出了贡献。本章研究的数字贷款后果旨在指导决策者谨慎使用数字金融，以提高金融包容性，刺激金融的健康发展，实现经济增长。穆什塔克和布鲁诺（2019）还认为，研究金融部门发展对发展中经济体的影响的研究很少，但为不断变化的金融市场格局设计监管框架和消费者保护机制至关重要。因此，本章的目标是通过展示金融技术对家庭福祉的影响，为利用金融技术改善金融包容性和促进经济增长的辩论提供见解。

本章第二节提出基本假设和研究方法。第三节详细讨论了结果。第四节解释了稳健性测试。第五节得出结论。

7.2　数字金融与债务风险的讨论

7.2.1　基本假设

金融机构通过充当中介机构，促进经济中不同主体间资金的有效转移。虽然这一中介作用对经济增长至关重要，但因其传统制度特征即缺乏普及性以及对特定人口的家庭不利而受到批评。金融普惠指在金融市场中纳入更加多样化和更为广泛的代理群体，它通常与金融发展齐头并进。因此，进入金融市场在发展中国家是一个更大的问题。研究发现，金融包容与不平等和贫困的减少以及经济增长的增加有关（Gomber et al., 2018；Ozili, 2018；Mushtaq and Bruneau, 2019）。可以通过利用各种机制，如颁布法律，保护家庭免受传统金融机构的歧视（Ladd, 1998），使用包括对等贷款在内的替代渠道（Davis and Murphy，2016），以及小额金融机构（Mushtaq and Bruneau，2019），实现金融包容性。

近年来，中国的技术发展取得了巨大进步。这些技术进步影响着日常生活的方方面面，金融也不例外。从使用加密货币到允许用户执行主要金融活动（如贷款、支付和投资）的移动生态系统，"数字金融"一词已被用于包括金融行业的各种新实践。金融科技公司创建的新贷款平台，是实现金融包容性的替代手段。在这方面，数字金融可以帮助低收入或低财富家庭进入传统上无法进入的金融市场。该类群体被视为无法接受传统指标，金融科技公司基于非传统数据生成备选信用评分，找到了评估其信用度的成本效益高的方法（Gabor and Brooks，2017；Leong et al.，2017）。黄和王（2017）断言，中国有 7.85 亿部智能手机可以帮助识别潜在客户。基于手机使用情况的大数据包括短信、通话详情、计费信息、浏览器和社交网络数据，金融科技公司使用这些数据替代信用分数（Gomber et al.，2018）。

据估计，全球有 25 亿家庭未被纳入传统金融体系（Gabor and Brooks，2017）。由于自愿的原因，这些人被排除在外，如缺乏金融知识（Demirgüç-Kunt and Klapper，2013；Ren et al.，2018）、对正规金融机构的不信任（Demirgüç-Kunt and Klapper，2013；Allen et al.，2016；Arner et al.，2016）和个人偏好（Demirgüç-Kunt and Klapper，2013；Fungáčová and Weill，2015）或非自愿原因，如地理排斥（Fungáčová and Weill，2015；Allen et al.，2016；Ren et al.，2018）、缺乏文件（Demirgüç-Kunt and Klapper，2013；Allen et al.，2016）以及成本（Demirgüç-Kunt and Klapper，2013；Allen et al.，2016）。虽然自愿排斥很难改变，但德米尔古奇·昆特和克拉珀（Demirgüç-Kunt and Klapper，2012）断言，至少 35% 的家庭可以通过公共政策的改变被纳入金融体系。

非自愿排除，例如，由于缺乏传统信用评分而被归类为不可银行，可以通过金融科技公司使用 bigdata 支持的替代风险评估技术来克服。互联网金融可以显著降低信息不对称和交易成本（Huang and Wang，2017；Ren et al.，2018）。根据这一观点，可以通过使用数字金融实现更高水平的金融包容性，从而促进经济增长。由此，设定第一个假设如下。

H1：数字金融的广泛使用与更容易进入信贷市场有关。

虽然数字金融的广泛使用促进了金融发展并加速了经济增长，但这项新技术也引起了人们对扩大信贷市场准入后果的担忧。有文献认为，进入信贷市场可以通过改变边际消费倾向来增加家庭消费。格罗斯等（Gross et al.，2016）研究了流动性之外的边际消费倾向（MPC），即 MPC 随信用卡借款限额的变化。研究表明，随着信用卡限额的增加，MPC 正增长。弗莱文（Flavin，1984）的研究表明，流动性约束是可观察的消费对当前收入过度敏感的一个重要部分，李等（Li et al.，2020）发现，基于数字的金融包容可以增加家庭消费。此外，有文件证明，对于手头现金较少的家庭，MPC 的增加以及消费的增加更为强劲（Crossley and Low，2014；Gelman，2016）。本章将更容易进入信贷市场视为流动性冲击，观察数字金融如何改变边际消费倾向，进而改变消费行为。鉴于金融普惠的目标是被排除在传统金融体系之外的弱势家庭，设定第二个假设如下。

H2：更容易进入信贷市场与更高的家庭消费水平有关。

然而，加伯尔和布鲁克斯（2017）断言，穷人并不总是按照技术预期行事。穆什塔克和布鲁诺（2019）还记录了信息和通信技术渗透的改善对贫困家庭的负面影响。该研究称，这些家庭可能会将更多收入用于移动服务，而受教育程度较低的互联网用户可能会因在线欺诈、恶意软件和病毒而陷入严重境地。因此，穷人的经济状况将恶化。梁等（Leong et al.，2017 年）以一名累积了 91 000 美元债务并陷入债务陷阱的大学生为例，讨论了缺乏相关金融知识的风险。戴维斯和墨菲（Davis and Murphy，2016）提到了监管机构关注的信息不充分的市场参与者的风险。由此，设定第三个假设如下。

H3：由于数字金融的广泛使用而导致的消费增加与陷入债务陷阱的可能性更高有关。

7.2.2　研究设计

本章使用了中国家庭金融调查（CHFS）和北京大学的中国数字金融

包容性指数（DFI）。自 2011 年以来，CHFS 每两年进行一次。使用 2013 年、2015 年、2017 年和 2019 年的最后四次浪潮创建了一个面板数据集。2011 年的最早一次浪潮由于覆盖范围有限且缺乏特定调查问题的数据而被排除在研究的样本之外。DFI 指数在 2011～2018 年每年都可用。本章在主要回归测试中使用 2013 年、2015 年和 2017 年的 DFI 指数和其他子指数，在稳健测试中使用县级指数。

使用从中国人民银行、中国金融稳定报告和瑞士法郎收集的数据估算了 2007～2019 年中国家庭的杠杆趋势。2007 年和 2009～2013 年的家庭杠杆率是使用中国人民银行的家庭总债务与 GDP 的比率数据计算的。2008 年和 2014～2018 年的杠杆数据直接来自中国人民银行发布的《中国金融稳定报告》。对于 2019 年，本章使用瑞士法郎的数据，并通过对调查作出回应的每个家庭的债务与收入（DTI）比率平均值来计算杠杆率。

为了反映 2013～2019 年中国家庭总 DTI 比率的变动趋势，本章使用从中国人民银行收集的家庭总债务数据和从中国国家统计局收集的家庭总收入数据进行计算。由结果可知，家庭杠杆率总体呈现上升趋势。

本章使用的变量可分为两大类：金融发展和家庭人口统计。

为了衡量金融发展，本章使用总数字金融包容性指数（总 DFI 指数）。此外，继李等（2020）之后，使用了总 DFI 指数的两个子维度来衡量互联网金融服务的可访问性（覆盖广度指数）和互联网金融服务实际使用情况（使用深度指数），以及数字金融使用深度的三个子分类来衡量保险服务（保险指数）、投资服务（投资指数）和信用调查服务（信用调查指数）。

根据以往文献，家庭层面使用的变量包括年龄（Mian and Sufi，2011；Fungáčová and Weill，2015；Allen et al.，2016；Li et al.，2020）、年龄的平方（Fungáčová and Weill，2015；Allen et al.，2016）、教育（Fungáčová and Weill，2015；Allen et al.，2016；Ren et al.，2018；Li et al.，2020）、男性或女性分类（Mian and Sufi，2011；Fungáčová and Weill，2015；Allen et al.，2016；Ren et al.，2018）、职业（Jack and Suri，2014；Allen et al.，2016；Ren et al.，2018）、收入（Mian and Sufi，2011；Demirgüç-Kunt and

Klapper，2013；Fungáčová and Weill，2015；Allen et al.，2016；Li et al.，2020）、财产（Li et al.，2020）、财富（Li et al.，2020）、农村或城市住宅分类（Jack and Suri，2014；Allen et al.，2016；Li et al.，2020）、消费（Jack and Suri，2014；Li et al.，2020）、未偿还贷款金额（Mian and Sufi，2011）、未偿还贷款的存在（Samaratunge et al.，2020）、自我报告的财务困境（Gathergood，2012）代表财务陷阱、DTI 比率（Mian and Sufi，2011；Andersen et al.，2016；Alpanda and Zubairy，2017）、智能手机拥有率（Jack and Suri，2014；Li et al.，2020）、自我报告的生活满意度（Appleton and Song，2008；Knight et al.，2009）。继李等（2020）之后，进一步创建了虚拟变量，以识别低收入家庭和低资产家庭，以及生活在被划分为三级或四级的城市的家庭。为了减少异常值的影响，对连续变量使用1%和99%水平的排序。

表 7 -1 报告了分析中使用的变量的汇总统计数据。A 小组报告了 DFI 指数及其子指数的汇总统计数据。总 DFI 指数可用于 80 107 户家庭观测。B 小组报告了家庭层面变量的汇总统计数据。超过 128 452 个家庭的观测数据提供了不包括债务陷阱在内的家庭人口统计数据。债务陷阱由受访者对财务困境特定问题的回答代表，该问题从 2015 年开始纳入调查。因此，该变量可用于 104 887 个家庭的观察。

为了验证第一个假设，即数字金融的广泛使用与更高的信贷市场参与率相关，使用式（7 -1）：

$$\text{DebtDummy}_{it} = \alpha + \beta \ln(\text{DFI})_{it} + X_{it}\gamma + \mu_{it} \qquad (7-1)$$

其中，DebtDummy_{it}是一个等于 1 的虚拟变量，如果家庭有未偿贷款余额，α 是截距，$\ln(\text{DFI})_{it}$是 DFI 指数或子指数的自然对数，X_{it}是控制变量的向量，c_i 表示混杂变量，μ_{it}是误差项。

为了验证第二个假设，即更容易进入信贷市场通过改变边际消费倾向（MPC）增加了家庭消费，使用式（7 -2）：

$$\text{Consumption}_{it} = \alpha + \beta_1 \ln(\text{DFI})_{it} + \beta_2 \ln(\text{DFI})_{it} \times \text{Income}_{it}$$
$$+ \beta_3 \text{Income}_{it} + X_{it} + X_{it}\gamma + c_i + \mu_{it} \qquad (7-2)$$

其中，Consumption_{it}是家庭总消费，α 是截距，$\ln(\text{DFI})_{it}$是 DFI 指数的自然对数。

表 7-1

描述性统计

Panel A: DFI（数字金融普惠指数）

变量	2013~2017年			2013年			2015年			2017年		
	观测值	均值	标准差	观测值	均值	标准差	观测值	均值	标准差	观测值	均值	标准差
数字普惠金融指数	80 107	191.952	44.637	19 061	135.983	22.362	29 521	183.736	23.469	31 525	233.486	23.719
覆盖范围指数	80 107	181.267	46.839	19 061	125.031	29.818	29 521	182.071	33.207	31 525	214.516	31.408
使用深度指数	80 107	189.140	57.616	19 061	137.561	27.109	29 521	154.828	25.243	31 525	252.458	25.965
保险指数	80 107	351.278	94.832	19 061	302.562	55.535	29 521	275.332	43.289	31 525	451.851	47.765
投资指数	61 046	180.882	46.806				29 521	139.748	25.285	31 525	219.400	23.992
征信指数	61 046	197.548	140.666				29 521	59.768	27.878	31 525	326.571	56.250

Panel B: CHFS

变量	2013~2019年			2013年			2015年			2017年			2019年		
	Obs	Mean	Std.	Obs	Mean	Std.	Obs	Mean	Std.	Obs	Mean	Std.	Obs	Mean	Std.
债务	128 452	0.287	0.452	23 565	0.302	0.459	34 827	0.294	0.455	37 616	0.287	0.452	32 444	0.268	0.443
债务陷阱	104 887	0.042	0.201				34 827	0.040	0.196	37 616	0.044	0.206	32 444	0.041	0.199
年龄	128 452	54.424	14.332	23 565	51.555	14.448	34 827	53.360	14.381	37 616	55.359	14.312	32 444	56.566	13.758
教育	128 452	9.131	4.466	23 565	9.263	4.503	34 827	9.110	4.508	37 616	9.184	4.470	32 444	8.996	4.384
户主男性	128 452	0.765	0.424	23 565	0.754	0.430	34 827	0.755	0.430	37 616	0.792	0.406	32 444	0.751	0.433
雇佣	128 452	0.641	0.480	23 565	0.671	0.470	34 827	0.646	0.478	37 616	0.614	0.487	32 444	0.645	0.478
收入	128 452	83 750	101 141	23 565	63 063	76 449	34 827	67 535	89 282	37 616	84 497	103 422	32 444	115 316	117 081
消费	128 452	62 206	67 501	23 565	48 434	42 958	34 827	55 457	56 702	37 616	57 742	53 309	32 444	84 631	96 129
负债	128 452	39 705	136 210	23 565	29 861	98 706	34 827	39 075	147 424	37 616	43 092	141 523	32 444	42 667	140 458
财富	128 452	902 596	1 557 362	23 565	735 398	1 216 327	34 827	831 240	1 359 028	37 616	1 052 485	1 823 746	32 444	926 850	1 623 851
农村	128 452	0.321	0.467	23 565	0.314	0.464	34 827	0.309	0.462	37 616	0.307	0.461	32 444	0.356	0.479

接下来，使用式（7-3）和式（7-4）分析债务和消费之间的关系：

$$\text{Consumption}_{it} = \alpha + \beta_1 \text{DebtDummy}_{it} + \beta_2 \text{DebtDummy}_{it} \times \text{Income}_{it}$$
$$+ \beta_3 \text{Income}_{it} + X_{it}\gamma + c_i + \mu_{it} \qquad (7-3)$$

$$\text{Consumption}_{it} = \alpha + \beta_1 \ln(\text{Debt})_{it} + \beta_2 \ln(\text{Debt})_{it} \times \text{Income}_{it}$$
$$+ \beta_3 \text{Income}_{it} + X_{it}\gamma + c_i + \mu_{it} \qquad (7-4)$$

其中，如果家庭有未偿贷款余额，则 Debt_{it} 是等于 1 的虚拟变量，$\ln(\text{Debt})_{it}$ 是未偿贷款金额的自然对数。

接下来，使用式（7-5）、式（7-6）、式（7-7）和式（7-8）检验第三个假设，即由于更容易进入信贷市场而增加的消费与更高的陷入债务陷阱的可能性有关：

$$\text{DebtTrap}_{it} = \alpha + \beta \ln(\text{DFI})_{it} + X_{it}\gamma + c_i + \mu_{it} \qquad (7-5)$$

$$\text{DebtTrap}_{it} = \alpha + \beta_1 \ln(\text{DFI})_{it} + \beta_2 \ln(\text{DFI})_{it} \times \text{LowerIncome}_{it}$$
$$+ \beta_3 \text{LowerIncome}_{it} + X_{it}\gamma + c_i + \mu_{it} \qquad (7-6)$$

$$\text{DebtTrap}_{it} = \alpha + \beta_1 \ln(\text{DFI})_{it} + \beta_2 \ln(\text{DFI})_{it} \times \text{LowerAsset}_{it}$$
$$+ \beta_3 \text{LowerAsset}_{it} + X_{it}\gamma + c_i + \mu_{it} \qquad (7-7)$$

$$\text{DebtTrap}_{it} = \alpha + \beta_1 \ln(\text{DFI})_{it} + \beta_2 \ln(\text{DFI})_{it} \times \text{ThirdTier or FourthTierCity}_{it}$$
$$+ \beta_3 \text{ThirdTier or FourthTierCity}_{it} + X_{it}\gamma + c_i + \mu_{it} \qquad (7-8)$$

如果家庭有财务困难，则 DebtTrap_{it} 是等于 1 的虚拟变量。LowerIncome_{it}、LowerAsset_{it}、$\text{ThirdTier or FourthTierCity}_{it}$ 分别为低收入家庭、低资产家庭和生活在三线或四线城市的家庭的虚拟变量，等于 1。

下一步，将注意力转移到家庭福利上，家庭福利通常随着经济增长而增加（Ball and Chernova，2008）。式（7-9）、式（7-10）、式（7-11）和式（7-12）考察了金融市场准入增加对家庭幸福感的影响：

$$\text{Happiness}_{it} = \alpha + \beta \ln(\text{DFI})_{it} + X_{it}\gamma + c_i + \mu_{it} \qquad (7-9)$$

$$\text{Happiness}_{it} = \alpha + \beta_1 \ln(\text{DFI})_{it} + \beta_2 \ln(\text{DFI})_{it} + X_{it}\gamma + c_i + \mu_{it} \qquad (7-10)$$

$$\text{Happiness}_{it} = \alpha + \beta_1 \text{Debt}_{it} + \beta_2 \ln(\text{DFI})_{it} + X_{it}\gamma + c_i + \mu_{it} \qquad (7-11)$$

$$\text{Happiness}_{it} = \alpha + \beta_1 \text{DebtTrap}_{it} + \beta_2 \ln(\text{DFI})_{it} + X_{it}\gamma + c_i + \mu_{it} \qquad (7-12)$$

其中，Happiness_{it} 是一个虚拟变量，如果家庭成员自我报告自己对生活总体满意，则等于 1。

7.3　债务陷阱

7.3.1　数字金融创造数字市场

使用式（7-1），本节研究数字金融是否通过增加获得贷款的可能性来增加金融包容性。表7-2报告了估计结果。关注的主要变量是第（1）列中的总DFI指数，第（2）列和第（3）列中总DFI指数的两个子维度，即覆盖广度指数和使用深度指数，以及第（4）列、第（5）列和第（6）列中数字金融使用深度的三个子分类，即保险指数、投资指数和信用调查指数。具体来说，由第（1）列可知，在面板固定效应的估计结果中，数字金融普惠指数的估计系数为0.0293，在1%的置信水平下显著。数字金融普惠指数的正系数表明，更广泛的数字金融渠道通过为借款人创造新的贷款市场，增加了获得贷款的可能性。由第（2）列和第（3）列可知，覆盖广度指数和使用深度指数的估计系数分别为0.0288和0.0187，均在1%的置信水平下显著为正。第（4）列、第（5）列和第（6）列中使用面板固定效应进行估计，结果表明，数字金融使用深度的三个子分类估计系数均为正，且估计结果均显著。这表明，更广泛的数字金融渠道促进了信贷市场的发展，增加了居民获得贷款的可能性，并显著提高了金融包容性。

表7-2　　　　　　　　　　　数字金融和债务

项目	(1) FE	(2) FE	(3) FE	(4) FE	(5) FE	(6) FE
ln（数字普惠金融指数）	0.0293 *** (0.0093)					
ln（覆盖范围指数）		0.0288 *** (0.0091)				
ln（使用深度指数）			0.0187 *** (0.0069)			
ln（保险指数）				0.0186 ** (0.0074)		

续表

项目	(1) FE	(2) FE	(3) FE	(4) FE	(5) FE	(6) FE
ln（投资指数）					0.0141 * (0.0085)	
ln（征信指数）						0.0045 ** (0.0020)
年龄	-0.0018 (0.0020)	-0.0018 (0.0020)	-0.0017 (0.0020)	-0.0016 (0.0020)	0.0022 (0.0024)	0.0022 (0.0024)
年龄平方	-0.0011 (0.0018)	-0.0010 (0.0018)	-0.0011 (0.0018)	-0.0011 (0.0018)	-0.0040 * (0.0022)	-0.0040 * (0.0022)
教育	0.0005 (0.0013)	0.0004 (0.0013)	0.0003 (0.0013)	0.0002 (0.0013)	0.0005 (0.0014)	0.0004 (0.0014)
户主男性	-0.0159 * (0.0092)	-0.0156 * (0.0092)	-0.0163 * (0.0093)	-0.0163 * (0.0093)	-0.0166 * (0.0100)	-0.0168 * (0.0100)
雇佣	0.0081 (0.0065)	0.0082 (0.0065)	0.0080 (0.0065)	0.0078 (0.0065)	0.0034 (0.0081)	0.0036 (0.0081)
ln（收入）	0.0075 *** (0.0012)	0.0076 *** (0.0012)	0.0073 *** (0.0012)	0.0073 *** (0.0012)	0.0084 *** (0.0016)	0.0082 *** (0.0016)
ln（家庭财富）	0.0086 *** (0.0021)	0.0085 *** (0.0021)	0.0089 *** (0.0021)	0.0090 *** (0.0021)	0.0092 *** (0.0025)	0.0092 *** (0.0025)
农村	0.0332 (0.0269)	0.0334 (0.0269)	0.0332 (0.0269)	0.0327 (0.0269)	0.0214 (0.0294)	0.0216 (0.0294)
Observations	80 107	80 107	80 107	80 107	61 046	61 046
R^2	0.0043	0.0043	0.0042	0.0042	0.0045	0.0047

注：***、**、*分别表示在1%、5%、10%的水平下显著，括号内为异方差稳健标准误。

7.3.2 替代市场和家庭消费行为

接下来，使用式（7-2）、式（7-3）和式（7-4）检验金融市场准入的扩大对家庭消费行为的影响。表7-3报告了式（7-2）的结果，表7-4报告了式（7-3）和式（7-4）的结果。表7-3汇报了实证模型使用固定效应估计的结果，由第（1）列可知，数字普惠金融指数的估计系数为

0.2729，在1%的置信水平下显著，即当居民参与数字金融时，家庭消费会显著提高27.29%。由第（2）列可知，加入交互项之后，数字普惠金融指数的估计系数为 –0.1674，在5%的置信水平下显著；而数字普惠金融指数和收入的交互项系数为0.0430，在1%的置信水平下显著，这支持了第二个假设，即更容易进入信贷市场将会通过增加边际消费倾向来增加消费。

表7-3　　　　　　　　　　　数字金融和边际消费倾向

项目	(1) FE	(2) FE
ln（数字金融指数）	0.2729 *** (0.0132)	– 0.1674 ** (0.0758)
ln（数字金融指数）×ln（收入）		0.0430 *** (0.0072)
年龄	0.0103 *** (0.0031)	0.0095 *** (0.0031)
年龄的平方	– 0.0144 *** (0.0029)	– 0.0137 *** (0.0029)
教育	0.0069 *** (0.0020)	0.0067 *** (0.0020)
户主男性	0.0763 *** (0.0131)	0.0732 *** (0.0131)
雇佣	– 0.0240 ** (0.0099)	– 0.0244 ** (0.0099)
ln（收入）	0.0431 *** (0.0019)	0.1789 *** (0.0373)
ln（家庭财富）	0.0854 *** (0.0033)	0.0840 *** (0.0033)
ln（债务）	0.0147 *** (0.0008)	0.0147 *** (0.0008)
农村	– 0.1313 *** (0.0427)	– 0.1301 *** (0.0427)
Observations	80 107	80 107
R^2	0.0818	0.0828

注：***、** 分别表示在1%、5%的水平下显著，括号内为异方差稳健标准误。

表 7-4 汇报了实证模型的估计结果，第（2）列使用式（7-3），第（4）列使用式（7-4）。利用债务作为虚拟变量和未偿还贷款金额的自然对数，试图了解债务是否会改变边际消费倾向。由第（1）列和第（3）列可知，债务和 ln（债务）的估计系数分别为 0.1212 和 0.0138，均在 1% 的置信水平下显著，正的显著系数表明债务会促进消费增加。然而，由第（2）列和第（4）列可知，相互作用项债务×收入和 ln（债务）×收入的估计系数均不显著，这表明，债务对边际消费倾向没有显著影响。

表 7-4　债务和边际消费倾向

项目	(1) FE	(2) FE	(3) FE	(4) FE
债务	0.1212*** (0.0070)	0.1163*** (0.0372)		
债务×ln（收入）		0.0005 (0.0035)		
ln（债务）			0.0138*** (0.0007)	0.0159*** (0.0037)
ln（债务）×ln（收入）				-0.0002 (0.0003)
年龄	0.0172*** (0.0024)	0.0172*** (0.0024)	0.0172*** (0.0024)	0.0172*** (0.0024)
年龄平方	-0.0142*** (0.0022)	-0.0142*** (0.0022)	-0.0140*** (0.0022)	-0.0140*** (0.0022)
教育	0.0200*** (0.0015)	0.0200*** (0.0015)	0.0200*** (0.0015)	0.0200*** (0.0015)
户主男性	0.0191* (0.0099)	0.0191* (0.0099)	0.0188* (0.0099)	0.0187* (0.0099)
雇佣	-0.0216*** (0.0081)	-0.0216*** (0.0081)	-0.0213*** (0.0080)	-0.0213*** (0.0081)
ln（收入）	0.0720*** (0.0018)	0.0719*** (0.0019)	0.0716*** (0.0018)	0.0722*** (0.0019)
ln（家庭财富）	0.0854*** (0.0026)	0.0854*** (0.0026)	0.0844*** (0.0026)	0.0844*** (0.0026)

续表

项目	(1) FE	(2) FE	(3) FE	(4) FE
农村	−0.0228** (0.0091)	−0.0228** (0.0091)	−0.0232** (0.0091)	−0.0233** (0.0091)
观测值	128 577	128 577	128 577	128 577
R²	0.0822	0.0822	0.0844	0.0844

注：***、**、*分别表示在1%、5%、10%的水平下显著，括号内为异方差稳健标准误。

7.3.3　数字金融的不同维度

本节将重点讨论更容易进入金融市场的后果。使用式（7-5）分析了陷入财务困境的可能性，结果如表7-5所示。由第（1）列的估计结果可知，总 DFI 指数的估计系数为0.0290，在1%的置信水平下显著为正。这表明，当居民参与数字金融时，陷入债务陷阱的可能性增加2.90%。由第（2）列和第（3）列可知，总 DFI 指数的两个子维度的估计系数分别为0.0398和0.0159，均在1%的置信水平下显著。第（4）列、第（5）列和第（6）列中使用面板固定效应进行估计，结果表明，数字金融使用深度的三个子分类估计系数均为正，且估计结果均在1%的置信水平下显著。这表明，数字金融因其更容易进入金融市场而增加了陷入债务陷阱的可能性，这支持了第三个假设。

表7-5　　　　　　　　　数字金融和债务陷阱

项目	(1) FE	(2) FE	(3) FE	(4) FE	(5) FE	(6) FE
ln（数字普惠金融指数）	0.0290*** (0.0089)					
ln（覆盖范围指数）		0.0398*** (0.0126)				
ln（使用深度指数）			0.0159*** (0.0044)			
ln（保险指数）				0.0147*** (0.0042)		

续表

项目	(1) FE	(2) FE	(3) FE	(4) FE	(5) FE	(6) FE
ln（投资指数）					0.0162 *** (0.0047)	
ln（征信指数）						0.0042 *** (0.0011)
年龄	0.0022 * (0.0012)	0.0022 * (0.0012)	0.0021 * (0.0012)	0.0021 * (0.0012)	0.0021 * (0.0012)	0.0021 * (0.0012)
年龄平方	- 0.0022 ** (0.0011)	- 0.0022 ** (0.0011)	- 0.0022 ** (0.0011)	- 0.0022 ** (0.0011)	- 0.0022 ** (0.0011)	- 0.0022 ** (0.0011)
教育	0.0002 (0.0007)	0.0002 (0.0007)	0.0002 (0.0007)	0.0002 (0.0007)	0.0002 (0.0007)	0.0002 (0.0007)
户主男性	- 0.0023 (0.0049)	- 0.0023 (0.0049)	- 0.0025 (0.0049)	- 0.0024 (0.0049)	- 0.0024 (0.0049)	- 0.0024 (0.0049)
雇佣	- 0.0043 (0.0045)	- 0.0043 (0.0045)	- 0.0043 (0.0045)	- 0.0043 (0.0045)	- 0.0043 (0.0045)	- 0.0042 (0.0045)
ln（收入）	- 0.0001 (0.0009)	- 0.0001 (0.0009)	- 0.0002 (0.0009)	- 0.0001 (0.0009)	- 0.0001 (0.0009)	- 0.0002 (0.0009)
ln（家庭财富）	- 0.0014 (0.0014)	- 0.0014 (0.0014)	- 0.0013 (0.0014)	- 0.0014 (0.0014)	- 0.0013 (0.0014)	- 0.0014 (0.0014)
农村	0.0179 (0.0148)	0.0182 (0.0148)	0.0177 (0.0148)	0.0174 (0.0148)	0.0176 (0.0148)	0.0177 (0.0148)
观测值	61 046	61 046	61 046	61 046	61 046	61 046
R^2	0.0010	0.0010	0.0012	0.0011	0.0011	0.0013

注：***、**、*分别表示在1%、5%、10%的水平下显著，括号内为异方差稳健标准误。

　　基于技术对贫困家庭负面影响的文献（Gabor and Brooks，2017；Mushtaq and Bruneau，2019），遵循李等（2020）的异质性分析，根据收入、资产和居住标准对样本进一步分组，表7-6报告了实证模型的分析结果。其中，第（1）列、第（2）列和第（3）列分别使用式（7-6）、式（7-7）和式（7-8）。相互作用项有助于了解数字技术广泛进入金融市场是否对低收入和高收入家庭、低资产和高资产家庭以及居住在一、二线城市和三、四线城市的家庭产生的异质性影响。然而，由第（1）列、第

（2）列和第（3）列面板固定效应的估计结果可知，相互作用项的系数均不显著，并未显示出显著的异质影响。本节假设，如李等（2020）所示，虽然数字金融可能对消费产生不同的影响，但陷入债务陷阱的可能性并没有因此表现出不同的结果。

表 7-6　　　　　　　　　　　异质性分析

项目	(1) FE	(2) FE	(3) FE
ln（数字普惠金融指数）	0.0358 *** (0.0121)	0.0374 ** (0.0158)	0.0338 *** (0.0124)
ln（数字普惠金融指数）×低收入	− 0.0116 (0.0162)		
ln（数字普惠金融指数）×低资产		− 0.0103 (0.0187)	
ln（数字普惠金融指数）×三、四线城市			− 0.0066 (0.0156)
较低收入	0.0711 (0.0873)		
年龄	0.0022 * (0.0012)	0.0021 * (0.0012)	0.0021 * (0.0012)
年龄平方	− 0.0022 ** (0.0011)	− 0.0022 ** (0.0011)	− 0.0022 ** (0.0011)
教育	0.0002 (0.0007)	0.0002 (0.0007)	0.0002 (0.0007)
户主男性	− 0.0024 (0.0049)	− 0.0024 (0.0049)	− 0.0024 (0.0049)
雇佣	− 0.0043 (0.0045)	− 0.0043 (0.0045)	− 0.0043 (0.0045)
ln（收入）	0.0006 (0.0010)	− 0.0001 (0.0009)	− 0.0001 (0.0009)
ln（家庭财富）	− 0.0012 (0.0015)	− 0.0016 (0.0016)	− 0.0014 (0.0014)
农村	0.0177 (0.0148)	0.0180 (0.0148)	0.0176 (0.0148)

续表

项目	(1) FE	(2) FE	(3) FE
较低资产		0.0526 (0.1005)	
三、四线城市			
观测值	61 046	61 046	61 046
R²	0.0013	0.0011	0.0010

注：***、**、*分别表示在1%、5%、10%的水平下显著，括号内为异方差稳健标准误。

接下来，研究数字金融的兴起如何影响家庭福祉。式（7-9）、式（7-10）、式（7-11）和式（7-12）考察了金融市场准入增加对家庭幸福感的影响。表7-7使用式（7-9），表7-8使用式（7-10）、式（7-11）和式（7-12）。表7-7汇报了实证模型使用面板固定效应的估计结果。研究发现，金融市场准入增加与家庭幸福感的增加具有显著的正向影响。具体来说，在第（1）列，总DFI指数的估计系数为0.2420，在1%的置信水平下显著为正。这表明，当居民参与数字金融时，家庭幸福感显著增加24.20%。在第（2）列和第（3）列，总DFI指数的两个子维度的估计系数分别为0.2123和0.1970，均在1%的置信水平下显著。由第（4）列、第（5）列和第（6）列的估计结果可知，数字金融使用深度的三个子分类估计系数均为正，且均在1%的置信水平下显著。由此可知，通过数字金融平台更容易进入信贷市场，改变边际消费倾向可以进一步引导消费增加。因此，如果只考虑该市场准入条件，基于数字的金融包容性增加了家庭幸福感。

表7-7　　　　　　　　**数字金融和家庭福祉**

项目	(1) FE	(2) FE	(3) FE	(4) FE	(5) FE	(6) FE
ln（数字普惠金融指数）	0.2420 *** (0.0099)					
ln（覆盖范围指数）		0.2123 *** (0.0097)				
ln（使用深度指数）			0.1970 *** (0.0074)			

续表

项目	(1) FE	(2) FE	(3) FE	(4) FE	(5) FE	(6) FE
ln（保险指数）				0.1984 *** (0.0080)		
ln（投资指数）					0.2016 *** (0.0092)	
ln（征信指数）						0.0458 *** (0.0022)
年龄	− 0.0100 *** (0.0022)	− 0.0096 *** (0.0022)	− 0.0098 *** (0.0022)	− 0.0086 *** (0.0022)	− 0.0086 *** (0.0027)	− 0.0084 *** (0.0027)
年龄平方	0.0105 *** (0.0020)	0.0105 *** (0.0020)	0.0104 *** (0.0020)	0.0102 *** (0.0020)	0.0097 *** (0.0025)	0.0096 *** (0.0025)
教育	0.0004 (0.0014)	0.0009 (0.0014)	0.0005 (0.0014)	0.0016 (0.0014)	0.0009 (0.0016)	0.0010 (0.0016)
户主男性	0.0019 (0.0098)	0.0047 (0.0098)	− 0.0036 (0.0099)	− 0.0049 (0.0099)	− 0.0051 (0.0109)	− 0.0033 (0.0109)
雇佣	0.0032 (0.0072)	0.0024 (0.0072)	0.0036 (0.0072)	0.0018 (0.0072)	0.0088 (0.0090)	0.0088 (0.0090)
ln（消费）	− 0.0000 (0.0041)	0.0013 (0.0041)	0.0008 (0.0041)	0.0046 (0.0041)	− 0.0025 (0.0054)	− 0.0017 (0.0054)
ln（负债）	− 0.0027 *** (0.0006)	− 0.0027 *** (0.0006)	− 0.0027 *** (0.0006)	− 0.0027 *** (0.0006)	− 0.0030 *** (0.0008)	− 0.0030 *** (0.0008)
ln（收入）	0.0091 *** (0.0014)	0.0105 *** (0.0014)	0.0065 *** (0.0014)	0.0064 *** (0.0014)	0.0091 *** (0.0018)	0.0097 *** (0.0018)
ln（家庭财富）	0.0117 *** (0.0023)	0.0111 *** (0.0023)	0.0139 *** (0.0023)	0.0151 *** (0.0023)	0.0102 *** (0.0029)	0.0091 *** (0.0029)
农村	0.0351 (0.0308)	0.0355 (0.0308)	0.0377 (0.0308)	0.0328 (0.0308)	0.0453 (0.0345)	0.0455 (0.0344)
观测值	80 107	80 107	80 107	80 107	61 046	61 046
R^2	0.0263	0.0230	0.0292	0.0257	0.0343	0.0326

注：*** 表示在1%的水平下显著，括号内为异方差稳健标准误。

表7-8报告了实证模型的估计结果。然而，由第（1）列和第（2）列可知，ln（债务）和债务的估计系数分别为 − 0.0027 和 − 0.0290，均在

1%的置信水平下显著，负的显著系数表明债务会显著降低家庭幸福感。由第（3）列可知，债务陷阱对家庭幸福感的估计系数在1%的置信水平下为负，即当家庭陷入债务陷阱时，家庭幸福感显著降低7.07%。正如人们所预期的，债务对家庭幸福感产生负面影响。因此，与宽松的市场准入条件相比，数字金融发展可能会由于负债可能性的增加与过度负债的存在而显著降低家庭幸福感。

表 7 - 8　　　　　　　　　　　债务和家庭福祉

项目	（1） FE	（2） FE	（3） FE
ln（债务）	- 0. 0027 *** （0. 0006）		
债务		- 0. 0290 *** （0. 0061）	
债务陷阱			- 0. 0707 *** （0. 0165）
年龄	- 0. 0100 *** （0. 0022）	- 0. 0100 *** （0. 0022）	- 0. 0083 *** （0. 0027）
年龄平方	0. 0105 *** （0. 0020）	0. 0105 *** （0. 0020）	0. 0094 *** （0. 0025）
教育	0. 0004 （0. 0014）	0. 0004 （0. 0014）	0. 0008 （0. 0016）
户主男性	0. 0019 （0. 0098）	0. 0018 （0. 0098）	- 0. 0052 （0. 0109）
雇佣	0. 0032 （0. 0072）	0. 0032 （0. 0072）	0. 0088 （0. 0090）
ln（消费）	- 0. 0000 （0. 0041）	- 0. 0002 （0. 0041）	- 0. 0044 （0. 0053）
ln（收入）	0. 0091 *** （0. 0014）	0. 0091 *** （0. 0014）	0. 0086 *** （0. 0018）
ln（家庭财富）	0. 0117 *** （0. 0023）	0. 0116 *** （0. 0023）	0. 0096 *** （0. 0029）
ln（数字普惠金融指数）	0. 2420 *** （0. 0099）	0. 2417 *** （0. 0099）	0. 3925 *** （0. 0177）

续表

项目	(1) FE	(2) FE	(3) FE
农村	0.0351 (0.0308)	0.0353 (0.0308)	0.0495 (0.0343)
观测值	80 107	80 107	61 046
R^2	0.0263	0.0263	0.0351

注：*** 表示在 1% 的水平下显著，括号内为异方差稳健标准误。

总的来说，本节讨论的结果强调了将数字金融审慎纳入金融市场的重要性。换言之，虽然数字金融可以通过帮助家庭更容易地进入金融市场，从而提高生活满意度，但若不加以管制约束，其带给居民的仓促借贷行为会损害家庭福祉。

7.4　内生性问题的处理与其他稳健性检验

7.4.1　工具变量

当一个县的数字金融指数较高时，预计会有更多的家庭参与金融市场。因此，本章第 4 节中主要回归分析采用数字金融指数来代表广泛进入金融市场。然而，可能有人会说，更大可能参与金融市场的家庭也更有可能参与数字金融。李等（2020）讨论了由于这种反向因果关系问题而产生的内生性问题，并建议使用手机数量作为工具性数字金融变量。文献表明，智能手机所有权通过实现市场准入（Muto and Yamano，2009），改善了金融产品的供给侧和需求侧（Ren et al.，2018；Mushtaq and Bruneau，2019）。虽然李等（2020）将一个省的人均移动电话数量作为工具变量，但本节将一个城市拥有智能手机的家庭比例作为工具变量并重新研究式（7-5）中建模的关系。表 7-9 报告了使用工具变量后，估计数字金融对家庭进入信贷市场与陷入债务陷阱的可能性的影响。在表 7-9 中，由第（1）列可知，总 DFI 指数的估计系数为 0.0311，在 1% 的置信水平下显著为正。由第（2）列和第（3）列可知，总 DFI 指数的两个子维度的估计系数均在 1% 的置信水平下显著为正。第（4）列、第（5）列和第（6）列中使用面板固定效应进行估计，结果表明，数字金融使用深度的三个子分类估计系数依然为正，且具有显著的经济意义。这与第 4.3 节中的结果一致，表明本章的结果是稳健的。因此，本节结果支持第三个假设，即更容易进入信贷市场与陷入债务陷阱的可能性增加有关，而不是由内生性问题驱动。

表 7-9　　　　　　　　　　　稳健性检验：工具变量

项目	(1) FE 2SLS	(2) FE 2SLS	(3) FE 2SLS	(4) FE 2SLS	(5) FE 2SLS	(6) FE 2SLS
ln（数字普惠金融指数）	0.0311 *** (0.0118)					
ln（覆盖范围指数）		0.0442 *** (0.0168)				
ln（使用深度指数）			0.0151 *** (0.0057)			
ln（保险指数）				0.0152 *** (0.0058)		
ln（投资指数）					0.0162 *** (0.0061)	
ln（征信指数）						0.0040 *** (0.0015)
年龄	0.0021 * (0.0012)	0.0021 * (0.0012)	0.0021 * (0.0012)	0.0021 * (0.0012)	0.0021 * (0.0012)	0.0021 * (0.0012)
年龄平方	-0.0022 ** (0.0011)	-0.0022 ** (0.0011)	-0.0022 ** (0.0011)	-0.0022 ** (0.0011)	-0.0022 ** (0.0011)	-0.0022 ** (0.0011)
教育	0.0002 (0.0007)	0.0002 (0.0007)	0.0002 (0.0007)	0.0002 (0.0007)	0.0002 (0.0007)	0.0002 (0.0007)
户主男性	-0.0024 (0.0052)	-0.0024 (0.0052)	-0.0024 (0.0052)	-0.0025 (0.0052)	-0.0024 (0.0052)	-0.0023 (0.0052)
雇佣	-0.0043 (0.0041)	-0.0043 (0.0041)	-0.0043 (0.0041)	-0.0043 (0.0041)	-0.0043 (0.0041)	-0.0043 (0.0041)

续表

项目	(1) FE 2SLS	(2) FE 2SLS	(3) FE 2SLS	(4) FE 2SLS	(5) FE 2SLS	(6) FE 2SLS
ln（收入）	-0.0001 (0.0008)	-0.0001 (0.0008)	-0.0001 (0.0008)	-0.0001 (0.0008)	-0.0001 (0.0008)	-0.0001 (0.0008)
ln（家庭财富）	-0.0013 (0.0013)	-0.0013 (0.0013)	-0.0014 (0.0013)	-0.0014 (0.0013)	-0.0013 (0.0013)	-0.0014 (0.0013)
农村	0.0179 (0.0158)	0.0183 (0.0158)	0.0177 (0.0158)	0.0174 (0.0158)	0.0176 (0.0158)	0.0177 (0.0158)
观测值	61 046	61 046	61 046	61 046	61 046	61 046
R^2	0.0114	0.0033	0.0158	0.0163	0.0146	0.0178
Fvalue of First stage	8 146.23	3 815.22	10 241.10	8 923.82	8 312.99	9 966.17
Cragg-Donald Wald F	1.0e+04	5 956.65	1.1e+04	9 950.64	1.0e+04	1.2e+04
Kleibergen-Paap rk Wald F	8 146.23	3 815.22	1.0e+04	8 923.82	8 312.99	9 966.17
Wald	3 604.76	3 604.69	3 605.34	3 605.00	3 605.10	3 605.69

注：***、**、*分别表示在1%、5%、10%的水平下显著，括号内为异方差稳健标准误。

7.4.2 DTI 作为债务陷阱的度量

加古德（Gathergood，2012）认为，许多文献研究（Mian and Sufi，2011；Andersen et al.，2016；Alpanda and Zubairy，2017）将 DTI 比率用作过度负债的共同指标可能会产生误导，因为与收入相比，预计未来收入增长率高的家庭可能会持有高水平的债务。因此，他建议使用基于自我报告的过度负债的衡量标准。第 5 节的主要回归分析遵循这一路径，并采用了一种自我报告的财务困境度量，即债务陷阱。本节则遵循文献中的替代方法，并使用 DTI 比率而不是式（7-5）中的债务陷阱重新进行回归分析。实证结果如表 7-10 所示。估计结果显示，DFI 指数和其他子指数的正向影响在 1% 的置信水平下显著，进一步证实了早期结果，表明结果是稳健的。因此，结果表明，数字金融可能导致陷入债务陷阱的可能性更高，这对于过度负债指标的选择是稳健的。

表 7 - 10　　　　　　　　稳健性检验：DTI 度量债务陷阱的度量

项目	（1） FE	（2） FE	（3） FE	（4） FE	（5） FE	（6） FE
ln（数字普惠 金融指数）	46.5165 *** （14.8627）					
ln（覆盖范围 指数）		35.7833 *** （12.0464）				
ln（使用深度 指数）			44.4060 *** （13.8496）			
ln（保险指数）				48.5567 *** （15.6355）		
ln（投资指数）					59.4399 *** （21.8715）	
ln（征信指数）						12.3983 *** （4.2929）
年龄	2.0183 * （1.2152）	2.1576 * （1.2208）	1.9472 （1.2102）	2.1670 * （1.2084）	1.5663 （1.0900）	1.6836 （1.0859）
年龄平方	- 1.9830 * （1.1513）	- 1.9799 * （1.1511）	- 1.9906 * （1.1515）	- 2.0472 * （1.1508）	- 1.5450 （1.0275）	- 1.5731 （1.0270）
教育	0.8435 （0.5766）	1.0388 * （0.6019）	0.7217 （0.5610）	0.9208 （0.5794）	1.2012 * （0.6794）	1.3098 * （0.6994）
户主男性	5.7795 （5.3478）	6.3972 （5.3977）	4.3870 （5.2679）	3.9478 （5.2549）	- 0.0718 （6.2834）	0.7464 （6.2918）
雇佣	10.7752 （6.5674）	10.4270 （6.5155）	11.1012 * （6.6205）	10.7236 （6.5565）	9.5378 （7.9874）	9.3185 （7.9234）
ln（收入）	- 46.9020 *** （12.6399）	- 46.5024 *** （12.5217）	- 47.5924 *** （12.8478）	- 47.5930 *** （12.8616）	- 55.7960 *** （18.2649）	- 55.3578 *** （18.0577）
ln（家庭财富）	10.3131 *** （3.9575）	10.2612 *** （3.9557）	10.7804 *** （4.0626）	11.1479 *** （4.1645）	10.9505 * （5.7331）	10.5320 * （5.5930）
农村	1.9365 （4.1562）	1.7204 （4.1249）	2.9230 （4.2883）	1.8644 （4.2382）	1.3491 （5.0816）	1.0638 （4.9524）
观测值	78 514	78 514	78 514	78 514	59 828	59 828
R²	0.0154	0.0152	0.0159	0.0159	0.0174	0.0171

注：*** 、* 分别表示在 1% 、10% 的水平下显著，括号内为异方差稳健标准误。

7.4.3　ln（债务）代替债务

在本节中，通过使用未偿还贷款额 ln（债务）的自然对数而不是债务来修改式（7-1），并重新运行测试。表 7-11 报告了估计结果。在表 7-11 中，使用面板固定效应进行估计，DFI 指数和其他子指数的估计系数均在 1% 的置信水平下显著正相关，研究结果是稳健的。这支持第一个假设，即更广泛地使用数字金融增加了家庭进入金融市场的机会。

表 7-11　　　　稳健性检验：ln（债务）代替债务

项目	（1）FE	（2）FE	（3）FE	（4）FE	（5）FE	（6）FE
ln（数字普惠金融指数）	0.4523 *** (0.0952)					
ln（覆盖范围指数）		0.4156 *** (0.0930)				
ln（使用深度指数）			0.3212 *** (0.0709)			
ln（保险指数）				0.3214 *** (0.0768)		
ln（投资指数）					0.2783 *** (0.0877)	
ln（征信指数）						0.0754 *** (0.0207)
年龄	-0.0039 (0.0211)	-0.0035 (0.0211)	-0.0028 (0.0211)	-0.0008 (0.0211)	0.0265 (0.0252)	0.0263 (0.0252)
年龄平方	-0.0255 (0.0188)	-0.0254 (0.0188)	-0.0257 (0.0188)	-0.0262 (0.0188)	-0.0467 ** (0.0224)	-0.0468 ** (0.0224)
教育	-0.0080 (0.0136)	-0.0073 (0.0136)	-0.0068 (0.0136)	-0.0049 (0.0136)	0.0014 (0.0149)	0.0009 (0.0149)
户主男性	-0.1160 (0.0976)	-0.1107 (0.0976)	-0.1236 (0.0976)	-0.1251 (0.0976)	-0.1287 (0.1058)	-0.1291 (0.1057)
雇佣	0.0540 (0.0672)	0.0532 (0.0672)	0.0527 (0.0671)	0.0495 (0.0671)	-0.0098 (0.0838)	-0.0079 (0.0837)

续表

项目	(1) FE	(2) FE	(3) FE	(4) FE	(5) FE	(6) FE
ln（收入）	0.0940*** (0.0123)	0.0966*** (0.0122)	0.0907*** (0.0124)	0.0908*** (0.0125)	0.1021*** (0.0160)	0.1006*** (0.0160)
ln（家庭财富）	0.1442*** (0.0211)	0.1431*** (0.0211)	0.1483*** (0.0212)	0.1508*** (0.0213)	0.1504*** (0.0255)	0.1499*** (0.0255)
农村	0.3020 (0.2713)	0.3032 (0.2712)	0.3037 (0.2714)	0.2948 (0.2713)	0.2124 (0.2948)	0.2146 (0.2949)
观测值	80 107	80 107	80 107	80 107	61 046	61 046
R^2	0.0064	0.0063	0.0063	0.0062	0.0068	0.0070

注：***、**分别表示在1%、5%的水平下显著，括号内为异方差稳健标准误。

7.4.4　县级数字普惠金融指数和债务陷阱

第4节中的主要回归测试采用城市层面变量进行分析。在本节中，使用式（7-5）和县级变量重复分析，表7-12报告了估计结果。其中，由第（1）列、第（2）列和第（3）列估计结果可知，总 DFI 指数及其两个子维度的估计系数均为正，在1%的置信水平下显著。由第（4）列、第（5）列和第（6）列的估计结果可知，数字金融使用深度的三个子分类估计系数依然为正，且具有显著的经济意义。这表明，结果对于使用替代水平是稳健的。

表7-12　　　　　　　　　　**稳健性检验：县级数据**

项目	(1) FE	(2) FE	(3) FE	(4) FE	(5) FE	(6) FE
ln（数字普惠金融指数）	0.0229*** (0.0078)					
ln（覆盖范围指数）		0.0173** (0.0078)				
ln（使用深度指数）			0.0222*** (0.0066)			

续表

项目	(1) FE	(2) FE	(3) FE	(4) FE	(5) FE	(6) FE
ln（保险指数）				0.0106 *** (0.0039)		
ln（投资指数）					0.0198 *** (0.0071)	
ln（征信指数）						0.0083 *** (0.0028)
年龄	0.0042 ** (0.0021)	0.0041 * (0.0021)	0.0041 ** (0.0021)	0.0041 * (0.0021)	0.0042 ** (0.0021)	0.0042 ** (0.0021)
年龄平方	− 0.0040 ** (0.0019)	− 0.0037 ** (0.0019)	− 0.0039 ** (0.0019)	− 0.0038 ** (0.0019)	− 0.0039 ** (0.0019)	− 0.0039 ** (0.0019)
教育	0.0001 (0.0011)	0.0002 (0.0011)	0.0000 (0.0011)	0.0001 (0.0011)	0.0001 (0.0011)	0.0001 (0.0011)
户主男性	0.0044 (0.0092)	0.0058 (0.0092)	0.0043 (0.0092)	0.0052 (0.0092)	0.0044 (0.0092)	0.0045 (0.0092)
雇佣	− 0.0050 (0.0067)	− 0.0059 (0.0066)	− 0.0049 (0.0067)	− 0.0054 (0.0066)	− 0.0053 (0.0067)	− 0.0051 (0.0067)
ln（收入）	0.0009 (0.0013)	0.0015 (0.0013)	0.0007 (0.0014)	0.0009 (0.0014)	0.0010 (0.0014)	0.0009 (0.0014)
ln（家庭财富）	− 0.0018 (0.0024)	− 0.0024 (0.0023)	− 0.0017 (0.0024)	− 0.0019 (0.0024)	− 0.0019 (0.0024)	− 0.0020 (0.0024)
农村	0.0266 (0.0334)	0.0239 (0.0333)	0.0290 (0.0334)	0.0234 (0.0334)	0.0279 (0.0334)	0.0259 (0.0334)
观测值	50 666	50 584	50 666	50 583	50 666	50 666
R^2	0.0019	0.0017	0.0022	0.0017	0.0018	0.0019

注： *** 、 ** 、 * 分别表示在1%、5%、10%的水平下显著，括号内为异方差稳健标准误。

7.4.5 年龄限制：不包括 65 岁以上的年龄

在本节中，将样本中包含的年龄上限限制为 65 岁，并使用式（7 - 5）重新进行测试。表 7 - 13 报告了在 65 岁的年龄上限中实证模型的估计结果。由表 7 – 13 可知，数字普惠金融指数及其子指数的正显著系数与之前的结果一致。这也表明，本章的发现是稳健的。

表 7 – 13 稳健性检验：65 岁的年龄上限

项目	(1) FE	(2) FE	(3) FE	(4) FE	(5) FE	(6) FE
ln（数字普惠金融指数）	0. 0441 *** (0. 0115)					
ln（覆盖范围指数）		0. 0610 *** (0. 0163)				
ln（使用深度指数）			0. 0238 *** (0. 0056)			
ln（保险指数）				0. 0222 *** (0. 0055)		
ln（投资指数）					0. 0239 *** (0. 0060)	
ln（征信指数）						0. 0063 *** (0. 0014)
年龄	0. 0035 (0. 0025)	0. 0034 (0. 0025)	0. 0035 (0. 0025)	0. 0035 (0. 0025)	0. 0034 (0. 0025)	0. 0036 (0. 0025)
年龄平方	− 0. 0037 (0. 0028)	− 0. 0037 (0. 0028)	− 0. 0039 (0. 0028)	− 0. 0038 (0. 0027)	− 0. 0037 (0. 0027)	− 0. 0040 (0. 0027)
教育	0. 0006 (0. 0010)	0. 0006 (0. 0010)	0. 0006 (0. 0010)	0. 0006 (0. 0010)	0. 0006 (0. 0010)	0. 0005 (0. 0010)
户主男性	− 0. 0048 (0. 0063)	− 0. 0046 (0. 0063)	− 0. 0050 (0. 0063)	− 0. 0050 (0. 0063)	− 0. 0048 (0. 0063)	− 0. 0049 (0. 0063)
雇佣	− 0. 0043 (0. 0057)	− 0. 0043 (0. 0057)	− 0. 0041 (0. 0057)	− 0. 0043 (0. 0057)	− 0. 0043 (0. 0057)	− 0. 0041 (0. 0057)
ln（收入）	0. 0003 (0. 0012)	0. 0003 (0. 0011)	0. 0002 (0. 0012)	0. 0003 (0. 0012)	0. 0003 (0. 0012)	0. 0002 (0. 0011)
ln（家庭财富）	− 0. 0037 * (0. 0020)	− 0. 0037 * (0. 0020)	− 0. 0037 * (0. 0020)	− 0. 0038 * (0. 0020)	− 0. 0037 * (0. 0021)	− 0. 0038 * (0. 0020)
农村	0. 0344 * (0. 0185)	0. 0350 * (0. 0185)	0. 0341 * (0. 0185)	0. 0337 * (0. 0185)	0. 0339 * (0. 0185)	0. 0341 * (0. 0185)
观测值	47 480	47 480	47 480	47 480	47 480	47 480
R^2	0. 0020	0. 0020	0. 0023	0. 0021	0. 0021	0. 0025

注：*** 、* 分别表示在 1% 、10% 的水平下显著，括号内为异方差稳健标准误。

7.5　本章小结

一个运转良好的金融部门对经济的整体增长具有各种好处和贡献（Mushtaq and Bruneau，2019）。基于数字的金融包容通常被认为是实现经济增长的一种机制（Demirgüç-Kunt and Klapper，2013；Ren et al.，2018；Xu，2017；Gabor and Brooks，2017；Ozili，2018；Mushtaq and Bruneau，2019）。因此，本章调查了数字金融的兴起及其对家庭福祉的影响。

结果表明，数字金融的广泛使用可以凭借增加居民借贷来提高家庭信贷市场的参与度，而居民更容易进入信贷市场则会增加流动性消费的边际倾向，并刺激消费。总体而言，基于数字的金融包容增加的金融市场准入机会，在短期会增加家庭幸福感。与此同时，借贷的增加也会提升家庭陷入财务困境的风险，这对家庭幸福感的负面影响较大。因此，本章的结果强调了将数字金融审慎纳入金融市场的重要性，因为在存在负面影响的同时，传统上被排斥的家庭可以通过金融扫盲运动获得更好的教育（Gabor and Brooks，2017），这与建议金融消费者保护机构应在数字金融领域教育家庭并促进数字金融知识普及的文献一致（Ren et al.，2018），数字金融是可以通过监管高质量服务于家庭的。

本章的研究目标是为决策者提供参考，促进审慎使用数字金融，以促进金融包容，刺激健康的金融发展，实现经济增长。

第**8**章

结　论

本书从家庭金融领域研究数字金融发展问题。选取中国数字普惠金融发展指数作为数字金融发展的代理变量以及参考尹志超和仇化（2019）的研究定义数字金融，并使用北京大学数字普惠金融指数和中国家庭金融调查数据，考察数字金融对家庭收入、消费、储蓄、金融市场参与、负债和债务风险的影响。通过实证研究发现，数字金融发展可以提高家庭居民收入；提高家庭消费；增加家庭储蓄；提高家庭风险偏好；提高家庭负债；增加家庭债务风险的可能性。

第一，数字金融发展提高家庭收入

近年来，我国经济高速发展，居民收入水平不断提高。数字金融作为依托于互联网发展、数字信息技术以及大数据平台等新兴技术与传统金融服务业态相结合的新一代金融服务模式，对于我国家庭收入、消费服务、信贷行为产生了重要的影响。本书利用 2013～2017 年中国家庭金融调查数据（CHFS）和 2011～2018 年"北京大学中国数字普惠金融指数"（PKU DFIC）的数据，探讨了数字金融发展对家庭收入的影响及其影响路径。研究发现，数字金融发展对公民收入产生了显著的有利影响。异质性分析发现，数字金融发展对农村地区和财富较低人群的收入影响更大。因此，数字金融发展刺激经济增长分布的广泛性。进一步分析的实证结果表明，数字金融通过扩大人口就业空间、提高财产性收入促进家庭收入的增加。通过追踪三年样本、缩尾 1% 的收入及滞后两期数字金融指数三种方法进行稳健性检验，表明本书的研究发现是稳健的。

第二，数字金融发展提高家庭消费

家庭消费是社会消费的基础，对激发内需潜力、促进经济高质量发展都有着重要影响。在构建以国内大循环为主的过程中，深入了解影响居民消费变化的机制，有利于推进居民消费增长。本书将 2011~2017 年中国家庭金融调查数据和中国数字普惠金融发展指数相结合，研究数字金融对家庭消费的影响及其作用机制，进一步检验了数字金融对家庭消费结构的影响，以及数字金融发展分维度和数字金融发展分业务对家庭消费的影响。

基准结果表明，数字金融显著促进家庭消费的提高。进一步的分析表明，数字金融的发展促进了家庭享乐型、生存型和发展型消费；数字金融的覆盖广度、使用程度和数字化程度均对家庭消费有着显著的正向影响；支付业务、货币基金业务、信用业务、信贷业务、投资业务和保险业务这六类数字金融服务水平的提高显著促进了家庭消费的增加。异质性分析发现，农村、低财富、低教育和信贷约束均在数字金融对家庭消费影响中有显著的促进作用。机制检验发现，数字金融通过影响家庭收入而影响家庭消费。

第三，数字金融发展增加家庭储蓄

本书在理论分析的基础上，将 2011~2017 年中国家庭金融调查数据和中国数字普惠金融发展指数相结合，使用最小二乘法和面板固定效应估计，研究数字金融对家庭储蓄的影响及其作用机制。研究发现，数字金融显著促进家庭储蓄率的提高。进一步分析发现，数字金融的不同维度对家庭储蓄有着不同影响；支付业务、货币基金业务、信用业务、信贷业务、投资业务和保险业务这六类数字金融服务水平的提高显著促进了家庭储蓄的增加。异质性分析发现，城镇、高财富、高教育和高收入均在数字金融对家庭储蓄影响中有显著的促进作用。机制检验发现，数字金融通过影响家庭收入和信贷约束来影响家庭储蓄。两种稳健性检验结果表明本书的研究发现具有可信性。

第四，数字金融发展提高家庭风险偏好

随着经济社会的发展，金融产品逐渐多元化，中国家庭的资产配置从单一的储蓄开始转向多元化，但是中国仍然面临金融市场"有限参与之谜"，即现实中家庭参与金融市场投资的比例显著低于理论模型的预测。本书探究了数字金融与家庭风险偏好的关系和作用机制，并通过工具变量的构建处理模型中的内生性问题，分组进行异质性分析和改变样本量进行稳健性检验，论证了本书结论的稳健性。研究发现，居民的数字金融参与程度越高，家庭风险偏好也会相应提高，其中创业是数字金融参与程度作用于家庭风险偏好的中介变量。同时，这种效应在高收入、孩子数量较少的家庭中效用更加显著。

第五，数字金融发展提高家庭负债

近年来，我国居民的负债性消费行为增加，家庭债务规模也迅速攀升。本书使用 2015~2019 年中国家庭金融调查数据，建立实证模型检验数字金融对家庭负债的影响及其作用机制，进一步分析了数字金融对家庭幸福感以及过度负债可能的影响，讨论了高收入和高财富在数字金融对家庭负债的异质性影响。基准结果表明，数字金融显著提高了家庭负债。进一步分析的结果表明，数字金融显著地降低了家庭幸福感，增大了家庭过度负债风险的可能。机制检验表明，数字金融通过影响家庭创业以及家庭风险偏好来影响家庭负债。异质性分析发现，高收入以及高财富在数字金融对家庭负债中有显著的促进作用。通过剔除户主年龄为 60 岁以上家庭样本、更换负债定义为家庭是否拥有负债及使用工具变量三种稳健性检验，表明本书研究发现是稳健的。

第六，数字金融发展增加家庭债务风险的可能性

金融机构充当中介机构，促进经济中不同主体之间资金的有效转移。虽然这一中介作用对经济增长至关重要，但因其受传统制度约束即缺乏普遍的可及性并且对特定人口的家庭不利而受到批评。金融普惠被用来指在金融市场中纳入更加多样化和更广泛的代理群体，它通常与金融发展齐头并进。因此，进入金融市场在发展中国家是一个更大的问题。本书梳理了数字金融发展和家庭债务风险的文献研究。基于数字金融发展鼓励融资家庭和投资家庭提高风险偏好，通过家庭消费和边际消费倾向影响家庭储蓄行为，揭示了数字金融发展与家庭债务风险的因果关系。结果表明，数字金融的广泛使用可以凭借增加居民借贷来提高家庭信贷市场的参与度，而

居民更容易进入信贷市场则会增加流动性消费的边际倾向，并刺激消费。总体而言，基于数字金融包容增加的金融市场准入机会，短期会增加家庭幸福感。然而，借贷的增加也增加了财务困境的风险，这对家庭幸福感有负面影响。

本书构建数字金融的度量指标，以家庭金融研究领域为切入点，建立实证模型检验数字金融发展对家庭金融行为决策的影响，揭示数字金融发展对家庭行为决策的作用机制，丰富和补充数字金融发展的研究文献，为深入分析数字金融发展提供了研究思路与政策建议。

参考文献

[1] 白重恩，吴斌珍，金烨．（2012）．中国养老保险缴费对消费和储蓄的影响．中国社会科学（08）：48 – 71 + 204.

[2] 柴时军，周利．（2020）．家庭负债、负债程度及其影响因素的实证．统计与决策，36（22）：140 – 142.

[3] 柴时军．（2020）．移动支付是否放大了家庭债务风险？——基于家庭财务杠杆视角的微观证据．西南民族大学学报（人文社科版）（10）：122 – 133.

[4] 陈斌开，李涛．（2011）．中国城镇居民家庭资产—负债现状与成因研究．经济研究（S1）：55 – 66 + 79.

[5] 陈宸，方芳，张乐．（2022）．数字普惠金融、收入水平与家庭负债．经济经纬（01）：127 – 137.

[6] 陈霄，叶德珠，邓洁．（2018）．借款描述的可读性能够提高网络借款成功率吗．中国工业经济（03）：174 – 192.

[7] 陈永伟，史宇鹏，权五燮．（2015）．住房财富、金融市场参与和家庭资产组合选择——来自中国城市的证据．金融研究（04）：1 – 18.

[8] 程郁，罗丹．（2009）．信贷约束下农户的创业选择——基于中国农户调查的实证分析．中国农村经济（11）：25 – 38.

[9] 董丽霞，赵文哲．（2013）．不同发展阶段的人口转变与储蓄率关系研究．世界经济（03）：80 – 102.

[10] 段军山，邵骄阳．（2022）．数字普惠金融发展影响家庭资产配置结构了吗．南方经济（04）：32 – 49.

[11] 傅秋子，黄益平．（2018）．数字金融对农村金融需求的异质性

影响——来自中国家庭金融调查与北京大学数字普惠金融指数的证据. 金融研究（11）：68 – 84.

［12］甘犁，赵乃宝，孙永智．（2018）．收入不平等、流动性约束与中国家庭储蓄率. 经济研究（12）：34 – 50.

［13］高楠，梁平汉，何青．（2019）．过度自信、风险偏好和资产配置——来自中国城镇家庭的经验证据. 经济学（季刊）（03）：1081 – 1100.

［14］郭峰，王靖一，王芳，等．（2020）．测度中国数字普惠金融发展：指数编制与空间特征. 经济学（季刊）（04）：1401 – 1418.

［15］何广文．（1999）．从农村居民资金借贷行为看农村金融抑制与金融深化. 中国农村经济（10）：42 – 48.

［16］何婧，李庆海．（2019）．数字金融使用与农户创业行为. 中国农村经济（01）：112 – 126.

［17］何立新，封进，佐藤宏．（2008）．养老保险改革对家庭储蓄率的影响：中国的经验证据. 经济研究（10）：117 – 130.

［18］何启志，彭明生．（2016）．基于互联网金融的网贷利率特征研究. 金融研究（10）：95 – 110.

［19］何兴强，杨锐锋．（2019）．房价收入比与家庭消费——基于房产财富效应的视角. 经济研究（12）：102 – 117.

［20］何宗樾，宋旭光．（2020）．数字金融发展如何影响居民消费. 财贸经济（08）：65 – 79.

［21］赫国胜，耿丽平．（2021）．数字金融发展对家庭风险金融资产配置的影响——基于 Bootstrap 有调节的中介模型. 经济体制改革（06）：135 – 141.

［22］胡金焱，宋唯实．（2017）．P2P 借贷中投资者的理性意识与权衡行为——基于"人人贷"数据的实证分析. 金融研究（07）：86 – 104.

［23］黄浩．（2018）．数字金融生态系统的形成与挑战——来自中国的经验. 经济学家（04）：80 – 85.

［24］黄益平，黄卓．（2018）．中国的数字金融发展：现在与未来. 经济学（季刊）（04）：1489 – 1502.

［25］贾宇，赵亚雄．（2021）．金融市场参与能有效预防家庭支出型

贫困吗？——来自561户调研家庭的证据. 金融理论与实践（06）：21 - 31.

[26] 康书隆，余海跃，刘越飞.（2017）. 住房公积金、购房信贷与家庭消费——基于中国家庭追踪调查数据的实证研究. 金融研究（08）：67 - 82.

[27] 李苍舒，沈艳.（2019）. 数字经济时代下新金融业态风险的识别、测度及防控. 管理世界（12）：53 - 69.

[28] 李继尊.（2015）. 关于互联网金融的思考. 管理世界（07）：1 - 7 + 16.

[29] 李建军，韩珣.（2019）. 普惠金融、收入分配和贫困减缓——推进效率和公平的政策框架选择. 金融研究（03）：129 - 148.

[30] 李江一，李涵，甘犁.（2015）. 家庭资产 - 负债与幸福感："幸福 - 收入"之谜的一个解释. 南开经济研究（05）：3 - 23.

[31] 李任玉，陈悉榕，甘犁.（2017）. 代际流动性趋势及其分解：增长、排序与离散效应. 经济研究（09）：165 - 181.

[32] 李雪松，黄彦彦.（2015）. 房价上涨、多套房决策与中国城镇居民储蓄率. 经济研究（09）：100 - 113.

[33] 李焰，高弋君，李珍妮，等.（2014）. 借款人描述性信息对投资人决策的影响——基于P2P网络借贷平台的分析. 经济研究（S1）：143 - 155.

[34] 李扬，殷剑峰.（2007）. 中国高储蓄率问题探究——1992—2003年中国资金流量表的分析. 经济研究（06）：14 - 26.

[35] 李悦雷，郭阳，张维.（2013）. 中国P2P小额贷款市场借贷成功率影响因素分析. 金融研究（07）：126 - 138.

[36] 廖理，吉霖，张伟强.（2015）. 借贷市场能准确识别学历的价值吗？——来自P2P平台的经验证据. 金融研究（03）：146 - 159.

[37] 廖理，李梦然，王正位.（2014）. 聪明的投资者：非完全市场化利率与风险识别——来自P2P网络借贷的证据. 经济研究（07）：125 - 137.

[38] 刘生龙，胡鞍钢，郎晓娟.（2012）. 预期寿命与中国家庭储蓄.

经济研究（08）：107 - 117.

［39］刘哲希，李子昂．（2018）．结构性去杠杆进程中居民部门可以加杠杆吗．中国工业经济（10）：42 - 60.

［40］卢亚娟，张菁晶．（2018）．农村家庭金融资产选择行为的影响因素研究——基于 CHFS 微观数据的分析．管理世界（05）：98 - 106.

［41］卢亚娟，张龙耀，许玉韫．（2014）．金融可得性与农村家庭创业——基于 CHARLS 数据的实证研究．经济理论与经济管理（10）：89 - 99.

［42］芦彩梅，王海艳．（2021）．数字金融、收入差距与居民消费——基于中国 280 个地级市的实证研究．金融与经济（07）：22 - 30.

［43］鲁钊阳，廖杉杉．（2016）．P2P 网络借贷对农产品电商发展的影响研究．财贸经济（03）：95 - 108.

［44］罗兴，吴本健，马九杰．（2018）．农村互联网信贷："互联网 +"的技术逻辑还是"社会网 +"的社会逻辑?.中国农村经济（08）：2 - 16.

［45］马双，李雪莲，蔡栋梁．（2017）．最低工资与已婚女性劳动参与．经济研究（06）：153 - 168.

［46］潘敏，荆阳．我国家庭部门杠杆变化趋势及影响［N］．光明日报，2018 - 11 - 20（11）.

［47］彭红枫，赵海燕，周洋．（2016）．借款陈述会影响借款成本和借款成功率吗?——基于网络借贷陈述的文本分析．金融研究（04）：158 - 173.

［48］邱晗，黄益平，纪洋．（2018）．金融科技对传统银行行为的影响——基于互联网理财的视角．金融研究（11）：17 - 29.

［49］沈坤荣，谢勇．（2012）．不确定性与中国城镇居民储蓄率的实证研究．金融研究（03）：1 - 13.

［50］宋全云，吴雨，尹志超．（2017）．金融知识视角下的家庭信贷行为研究．金融研究（06）：95 - 110.

［51］苏治，胡迪．（2014）．农户信贷违约都是主动违约吗?——非对称信息状态下的农户信贷违约机理．管理世界（09）：77 - 89.

［52］孙燕，严书航．（2021）．数字金融发展与家庭风险金融资产投

资. 金融发展（01）：12 – 23.

[53] 孙永苑，杜在超，张林，等.（2016）. 关系、正规与非正规信贷. 经济学（季刊）（02）：597 – 626.

[54] 陶春生.（2017）. 家庭金融学的构建与进展. 管理世界（11）：176 – 177.

[55] 王博，张晓玫，卢露.（2017）. 网络借贷是实现普惠金融的有效途径吗——来自"人人贷"的微观借贷证据. 中国工业经济（02）：98 – 116.

[56] 王聪，田存志.（2012）. 股市参与、参与程度及其影响因素. 经济研究（10）：97 – 107.

[57] 王国刚，张扬.（2015）. 互联网金融之辨析. 财贸经济（01）：5 – 16.

[58] 王会娟，廖理.（2014）. 中国 P2P 网络借贷平台信用认证机制研究——来自"人人贷"的经验证据. 中国工业经济（04）：136 – 147.

[59] 王稼琼，肖永青，李卫东，等.（2012）. 家庭生产函数视角下的时间偏好与储蓄率决定——兼论中美的储蓄率差异. 经济研究（10）：41 – 53.

[60] 王江，廖理，张金宝.（2010）. 消费金融研究综述. 经济研究（S1）：5 – 29.

[61] 王馨.（2015）. 互联网金融助解"长尾"小微企业融资难问题研究. 金融研究（09）：128 – 139.

[62] 吴卫星，吴锟，王琎.（2018）. 金融素养与家庭负债——基于中国居民家庭微观调查数据的分析. 经济研究（01）：97 – 109.

[63] 吴晓求.（2015）. 互联网金融：成长的逻辑. 财贸经济（02）：5 – 15.

[64] 吴雨，李成顺，李晓，等.（2020）. 数字金融发展对传统私人借贷市场的影响及机制研究. 管理世界（10）：53 – 64 + 138 + 65.

[65] 肖作平，张欣哲.（2012）. 制度和人力资本对家庭金融市场参与的影响研究——来自中国民营企业家的调查数据. 经济研究（S1）：91 – 104.

［66］谢绚丽，沈艳，张皓星，等．（2018）．数字金融能促进创业吗？——来自中国的证据．经济学（季刊）（04）：1557－1580.

［67］杨继军，张二震．（2013）．人口年龄结构、养老保险制度转轨对居民储蓄率的影响．中国社会科学（08）：47－66＋205.

［68］杨汝岱，陈斌开．（2009）．高等教育改革、预防性储蓄与居民消费行为．经济研究（08）：113－124.

［69］易行健，周利．（2018）．数字普惠金融发展是否显著影响了居民消费——来自中国家庭的微观证据．金融研究（11）：47－67.

［70］易行健，张波，杨汝岱，等．（2012）．家庭社会网络与农户储蓄行为：基于中国农村的实证研究．管理世界（05）：43－51＋187.

［71］尹志超，仇化．（2019）．金融知识对互联网金融参与重要吗？财贸经济（06）：70－84.

［72］尹志超，公雪，郭沛瑶．（2019）．移动支付对创业的影响——来自中国家庭金融调查的微观证据．中国工业经济（03）：119－137.

［73］尹志超，公雪，潘北啸．（2019）．移动支付对家庭货币需求的影响——来自中国家庭金融调查的微观证据．金融研究（10）：40－58.

［74］尹志超，郭沛瑶，张琳琬．（2020）．"为有源头活水来"：精准扶贫对农户信贷的影响．管理世界（02）：59－71＋194＋218.

［75］尹志超，蒋佳伶，严雨．（2021）．数字鸿沟影响家庭收入吗？财贸经济（09）：66－82.

［76］尹志超，刘泰星，张诚．（2020）．农村劳动力流动对家庭储蓄率的影响．中国工业经济（01）：24－42.

［77］尹志超，彭嫦燕，里昂安吉拉．（2019）．中国家庭普惠金融的发展及影响．管理世界（02）：74－87.

［78］尹志超，宋全云，吴雨，等．（2015）．金融知识、创业决策和创业动机．管理世界（01）：87－98.

［79］尹志超，吴雨，甘犁．（2015）．金融可得性、金融市场参与和家庭资产选择．经济研究（03）：87－99.

［80］尹志超，岳鹏鹏，陈悉榕．（2019）．金融市场参与、风险异质性与家庭幸福．金融研究（04）：168－187.

[81] 尹志超, 张诚. (2019). 女性劳动参与对家庭储蓄率的影响. 经济研究 (04): 165 – 181.

[82] 张兵, 盛洋虹. (2021). 数字金融对家庭创业的影响研究. 金融与经济 (01): 40 – 47 + 71.

[83] 张光利, 刘小元. (2018). 住房价格与居民风险偏好. 经济研究 (01): 110 – 123.

[84] 张龙耀, 张海宁. (2013). 金融约束与家庭创业——中国的城乡差异. 金融研究 (09): 123 – 135.

[85] 张勋, 万广华, 张佳佳, 等. (2019). 数字经济、普惠金融与包容性增长. 经济研究 (08): 71 – 86.

[86] 张勋, 杨桐, 汪晨, 等. (2020). 数字金融发展与居民消费增长: 理论与中国实践. 管理世界 (11): 48 – 63.

[87] 张珍花, 杨朝晖. (2022). 数字普惠金融对经济高质量增长影响研究——基于政府参与视角. 华东经济管理 (04): 71 – 78.

[88] 周光友, 施怡波. (2015). 互联网金融发展、电子货币替代与预防性货币需求. 金融研究 (05): 67 – 82.

[89] 周俊山, 尹银. (2011). 中国计划生育政策对居民储蓄率的影响——基于省级面板数据的研究. 金融研究 (10): 61 – 73.

[90] 周雄伟, 朱恒先, 李世刚. (2017). "平台参与投资"与 P2P 筹资效率——基于拍拍贷平台"拍活宝"数据的经验研究. 中国工业经济 (04): 155 – 175.

[91] 朱家祥, 沈艳, 邹欣. (2018). 网络借贷: 普惠? 普骗? 与监管科技. 经济学 (季刊) (04): 1599 – 1622.

[92] Allen, D. W., Lueck, D. (1995). Risk preferences and the economics of contracts. The American Economic Review, 85 (2): 447 – 451.

[93] Allen, F., Demirguc-Kunt, A., Klapper, L. et al. (2016). The foundations of financial inclusion: Understanding ownership and use of formal accounts. Journal of Financial Intermediation, 27: 1 – 30.

[94] Alpanda, S., Zubairy, S. (2017). Addressing household indebtedness: Monetary, fiscal or macroprudential policy?. European Economic Re-

view, 92: 47 – 73.

[95] Andersen, A. L., Duus, C., Jensen, T. L. (2016). Household debt and spending during the financial crisis: Evidence from Danish micro data. European Economic Review, 89: 96 – 115.

[96] Anderson, A., Baker, F., Robinson, D. T. (2017). Precautionary savings, retirement planning and misperceptions of financial literacy. Journal of Financial Economics, 126 (2): 383 – 398.

[97] Andreoni, J., Sprenger, C. (2012). Risk preferences are not time preferences. American Economic Review, 102 (7): 3357 – 3376.

[98] Andreoni, J., Sprenger, C. (2015). Risk preferences are not time preferences: reply. American Economic Review, 105 (7): 2287 – 2293.

[99] Angerer, X., Lam, P. S. (2009). Income risk and portfolio choice: An empirical study. The Journal of Finance, 64 (2): 1037 – 1055.

[100] Appleton, S., Song, L. (2008). Life satisfaction in urban China: Components and determinants. World Development, 36 (11): 2325 – 2340.

[101] Arner, D. W., Barberis, J., Buckley, R. P. (2016). 150 years of Fintech: An evolutionary analysis. Jassa, (3): 22 – 29.

[102] Atlas, S. A., Lu, J., Micu, P. D. et al. (2019). Financial knowledge, confidence, credit use, and financial satisfaction. Journal of Financial Counseling and Planning, 30 (2): 175 – 190.

[103] Ball, R., Chernova, K. (2008). Absolute income, relative income, and happiness. Social Indicators Research, 88 (3): 497 – 529.

[104] Banks, J., Blundell, R., Tanner, S. (1998). Is there a retirement-savings puzzle?. American Economic Review, 769 – 788.

[105] Barseghyan, L., Molinari, F., O'Donoghue, T. et al. (2013). The nature of risk preferences: Evidence from insurance choices. American Economic Review, 103 (6): 2499 – 2529.

[106] Baumol, W. J. (1952). The transactions demand for cash: An inventory theoretic approach. The Quarterly Journal of Economics, 545 – 556.

[107] Boskov, T., Drakulevski, L. (2018). Global Development Trend

in Managing: Do Financial Strategies Offer Hopes Recovery?. International Journal of Information, Business and Management, 10 (4): 13 – 22.

[108] Brown, S., Taylor, K. (2008). Household debt and financial assets: evidence from Germany, Great Britain and the USA. Journal of the Royal Statistical Society Series A: Statistics in Society, 171 (3): 615 – 643.

[109] Chaudhuri, S., Jalan, J., Suryahadi, A. (2002). Assessing household vulnerability to poverty from cross-sectional data: A methodology and estimates from Indonesia.

[110] Chetty, R., Szeidl, A. (2007). Consumption commitments and risk preferences. The Quarterly Journal of Economics, 122 (2): 831 – 877.

[111] Cheung, S. L. (2015). Risk preferences are not time preferences: on the elicitation of time preference under conditions of risk: comment. American Economic Review, 105 (7): 2242 – 2260.

[112] Chiappori, P. A., Salanié, B., Salanié, F. et al. (2019). From aggregate betting data to individual risk preferences. Econometrica, 87 (1): 1 – 36.

[113] Cloyne, J. S., Surico, P. (2017). Household debt and the dynamic effects of income tax changes. The Review of Economic Studies, 84 (1): 45 – 81.

[114] Cobb-Clark, D. A., Kassenboehmer, S. C., Sinning, M. G. (2016). Locus of control and savings. Journal of Banking & Finance, 73: 113 – 130.

[115] Cohen, A., Einav, L. (2007). Estimating risk preferences from deductible choice. American Economic Review, 97 (3): 745 – 788.

[116] Cole, H. L., Mailath, G. J., Postlewaite, A. (1992). Social norms, savings behavior, and growth. Journal of Political Economy, 100 (6): 1092 – 1125.

[117] Crossley, T. F., Low, H. W. (2014). Job loss, credit constraints, and consumption growth. Review of Economics and Statistics, 96 (5): 876 – 884.

［118］Davis, K. (2016). Peer-to-peer lending: structures, risks and regulation. The Journal of the Securities Institute of Australia, (3): 37 –44.

［119］Deaton, A. (1989). Saving and liquidity constraints.

［120］Deck, C. , Schlesinger, H. (2014). Consistency of higher order risk preferences. Econometrica, 82 (5): 1913 –1943.

［121］Del-Río, A. , Young, G. (2005). The impact of unsecured debt on financial distress among British households.

［122］Demirgüç-Kunt, A. , Klapper, L. (2013). Measuring financial inclusion: Explaining variation in use of financial services across and within countries. Brookings Papers on Economic Activity, 2013 (1): 279 –340.

［123］Demirgüç-Kunt, A. , Klapper, L. F. (2012). Measuring financial inclusion: The global findex database. World Bank Policy Research Working Paper, (6025).

［124］Dimmock, S. G. , Kouwenberg, R. , Mitchell, O. S. et al. (2016). Ambiguity aversion and household portfolio choice puzzles: Empirical evidence. Journal of Financial Economics, 119 (3): 559 –577.

［125］Donaldson, J. R. , Piacentino, G. , Thakor, A. (2019). Household debt overhang and unemployment. The Journal of Finance, 74 (3): 1473 –1502.

［126］Donaldson, J. R. , Piacentino, G. , Thakor, A. V. (2018). Household debt and unemployment. Journal of Finance, Forthcoming.

［127］Duarte, J. , Siegel, S. , Young, L. (2012). Trust and credit: The role of appearance in peer-to-peer lending. The Review of Financial Studies, 25 (8): 2455 –2484.

［128］Duchin, R. , Gilbert, T. , Harford, J. et al. (2017). Precautionary savings with risky assets: When cash is not cash. The Journal of Finance, 72 (2): 793 –852.

［129］Duesenberry, J. S. (1949). Income, saving, and the theory of consumer behavior. The American Economic Review, 40 (5): 906 –911.

［130］Dupas, P. , Robinson, J. (2013). Why don't the poor save more?

Evidence from health savings experiments. American Economic Review, 103 (4): 1138 – 1171.

[131] Einav, L., Finkelstein, A., Pascu, I. et al. (2012). How general are risk preferences? Choices under uncertainty in different domains. American Economic Review, 102 (6): 2606 – 2638.

[132] Epper, T., Fehr-Duda, H. (2015). Risk preferences are not time preferences: balancing on a budget line: comment. American Economic Review, 105 (7): 2261 – 2271.

[133] Evans, D. S., Jovanovic, B. (1989). An estimated model of entrepreneurial choice under liquidity constraints. Journal of Political Economy, 97 (4): 808 – 827.

[134] Faulkender, M. W., Hankins, K. W., Petersen, M. A. (2019). Understanding the rise in corporate cash: Precautionary savings or foreign taxes. The Review of Financial Studies, 32 (9): 3299 – 3334.

[135] Flavin, M. (1984). Excess sensitivity of consumption to current income: liquidity constraints or myopia?

[136] Fungáčová, Z., Weill, L. (2015). Understanding financial inclusion in China. China Economic Review, 34: 196 – 206.

[137] Gabor, D., Brooks, S. (2017). The digital revolution in financial inclusion: international development in the fintech era. New Political Economy, 22 (4): 423 – 436.

[138] Gathergood, J. (2012). Self-control, financial literacy and consumer over-indebtedness. Journal of Economic Psychology, 33 (3): 590 – 602.

[139] Gelman, M. (2021). What drives heterogeneity in the marginal propensity to consume? Temporary shocks vs persistent characteristics. Journal of Monetary Economics, 117: 521 – 542.

[140] Gomber, P., Kauffman, R. J., Parker, C. et al. (2018). On the fintech revolution: Interpreting the forces of innovation, disruption, and transformation in financial services. Journal of Management Information Systems, 35 (1): 220 – 265.

［141］ Gomber, P. , Koch, J. A. , Siering, M. （2017）. Digital Finance and FinTech: current research and future research directions. Journal of Business Economics, 87 （5）: 537 – 580.

［142］ Gorbachev, O. （2011）. Did household consumption become more volatile? American Economic Review, 101 （5）: 2248 – 2270.

［143］ Gross D B, Souleles N S. （2002）. Do liquidity constraints and interest rates matter for consumer behavior? Evidence from credit card data. The Quarterly Journal of Economics, 117 （1）: 149 – 185.

［144］ Gross, T. , Notowidigdo, M. J. , Wang, J. （2020）. The marginal propensity to consume over the business cycle. American Economic Journal: Macroeconomics, 12 （2）: 351 – 384.

［145］ Gruber, J. , Yelowitz, A. （1999）. Public health insurance and private savings. Journal of Political Economy, 107 （6）: 1249 – 1274.

［146］ Guerrieri, V. , Lorenzoni, G. （2017）. Credit crises, precautionary savings, and the liquidity trap. The Quarterly Journal of Economics, 132 （3）: 1427 – 1467.

［147］ Hall, R. E. （1988）. Intertemporal substitution in consumption. Journal of Political Economy, 96 （2）: 339 – 357.

［148］ Hanaoka, C. , Shigeoka, H. , Watanabe, Y. （2018）. Do risk preferences change? evidence from the great east japan earthquake. American Economic Journal: Applied Economics, 10 （2）: 298 – 330.

［149］ Holm, M. B. （2018）. Consumption with liquidity constraints: An analytical characterization. Economics Letters, 167: 40 – 42.

［150］ Huang, Y. , Wang, X. （2017）. Building an efficient financial system in China: A need for stronger market discipline. Asian Economic Policy Review, 12 （2）: 188 – 205.

［151］ Hurd, M. D. （1987）. Savings of the elderly and desired bequests. The American Economic Review, 298 – 312.

［152］ Iyer, R. , Khwaja, A. I. , Luttmer, E. F. et al. （2016）. Screening peers softly: Inferring the quality of small borrowers. Management Science,

62（6）：1554 – 1577.

［153］Jack, W. , Suri, T. （2014）. Risk sharing and transactions costs：Evidence from Kenya's mobile money revolution. American Economic Review, 104（1）：183 – 223.

［154］Jappelli, T. （1990）. Who is credit constrained in the US economy? The Quarterly Journal of Economics, 105（1）：219 – 234.

［155］Ji, X. , Wang, K. , Xu, H. et al. （2021）. Has digital financial inclusion narrowed the urban-rural income gap：the role of entrepreneurship in China. Sustainability, 13（15）：8292.

［156］Jiao, J. , Huang, T. , Wang, T. et al. （2015）. The development process and empirical study of Inclusive finance in China. Shanghai Financ, 12 – 22.

［157］Jiguo, S. , Kaiyan, H. , Jinyan, H. （2020）. Does digital finance alleviate relative poverty? —An Empirical Study Based on CHFS Data. Collected Essays on Finance and Economics, 33（12）：50 – 60.

［158］Kachelmeier, S. J. , Shehata, M. （1992）. Examining risk preferences under high monetary incentives：Experimental evidence from the People's Republic of China. The American Economic Review, 1120 – 1141.

［159］Kapoor, A. （2014）. Financial inclusion and the future of the Indian economy. Futures, 56：35 – 42.

［160］Karlan, D. , Mullainathan, S. , Roth, B. N. （2019）. Debt traps? Market vendors and moneylender debt in India and the Philippines. American Economic Review：Insights, 1（1）：27 – 42.

［161］King, R. G. , Levine, R. （1993）. Finance, entrepreneurship and growth. Journal of Monetary Economics, 32（3）：513 – 542.

［162］Knight, J. , Lina, S. O. N. G. , Gunatilaka, R. （2009）. Subjective well-being and its determinants in rural China. China Economic Review, 20（4）：635 – 649.

［163］Kraay, A. （2000）. Household saving in China. The World Bank Economic Review, 14（3）：545 – 570.

［164］ Krusell, P. , Smith, Jr, A. A. （2003）. Consumption-savings decisions with quasi-geometric discounting. Econometrica, 71 （1）: 365 – 375.

［165］ Ladd, H. F. （1998）. Evidence on discrimination in mortgage lending. Journal of Economic Perspectives, 12 （2）: 41 – 62.

［166］ Lebergott, S. （1976）. Are the rich getting richer? Trends in US wealth concentration. The Journal of Economic History, 36 （1）: 147 – 162.

［167］ Leijonhufvud, A. （1967）. Keynes and the Keynesians: A suggested interpretation. The American Economic Review, 57 （2）: 401 – 410.

［168］ Leong, C. , Tan, B. , Xiao, X. et al. （2017）. Nurturing a FinTech ecosystem: The case of a youth microloan startup in China. International Journal of Information Management, 37 （2）: 92 – 97.

［169］ Li, J. , Wu, Y. , Xiao, J. J. （2020）. The impact of digital finance on household consumption: Evidence from China. Economic Modelling, 86: 317 – 326.

［170］ Mazzocco, M. , Saini, S. （2012）. Testing efficient risk sharing with heterogeneous risk preferences. American Economic Review, 102 （1）: 428 – 468.

［171］ McLean, R. D. （2011）. Share issuance and cash savings. Journal of Financial Economics, 99 （3）: 693 – 715.

［172］ Meyer, B. D. , Sullivan, J. X. （2013）. Consumption and income inequality and the great recession. American Economic Review, 103 （3）: 178 – 183.

［173］ Mian, A. , Sufi, A. （2011）. House prices, home equity-based borrowing, and the US household leverage crisis. American Economic Review, 101 （5）: 2132 – 2156.

［174］ Mian, A. , Sufi, A. , Verner, E. （2017）. Household debt and business cycles worldwide. The Quarterly Journal of Economics, 132 （4）: 1755 – 1817.

［175］ Mushtaq, R. , Bruneau, C. （2019）. Microfinance, financial inclusion and ICT: Implications for poverty and inequality. Technology in Society, 59: 101154.

[176] Muto, M., Yamano, T. (2009). The impact of mobile phone coverage expansion on market participation: Panel data evidence from Uganda. World Development, 37 (12): 1887 – 1896.

[177] Ozili, P. K. (2018). Impact of digital finance on financial inclusion and stability. Borsa Istanbul Review, 18 (4): 329 – 340.

[178] Palley, T. I. (2010). The relative permanent income theory of consumption: a synthetic Keynes-Duesenberry-Friedman model. Review of Political Economy, 22 (1): 41 – 56.

[179] Pondorfer, A., Barsbai, T., Schmidt, U. (2017). Gender differences in stereotypes of risk preferences: Experimental evidence from a matrilineal and a patrilineal society. Management Science, 63 (10): 3268 – 3284.

[180] Prelec, D., Loewenstein, G. (1998). The red and the black: Mental accounting of savings and debt. Marketing Science, 17 (1): 4 – 28.

[181] Quadrini, V. (1999). The importance of entrepreneurship for wealth concentration and mobility. Review of Income and Wealth, 45 (1): 1 – 19.

[182] Quadrini, V. (2000). Entrepreneurship, saving, and social mobility. Review of Economic Dynamics, 3 (1): 1 – 40.

[183] Raghubir, P., Srivastava, J. (2008). Monopoly money: The effect of payment coupling and form on spending behavior. Journal of Experimental Psychology: Applied, 14 (3): 213.

[184] Ravina, E. (2008). Love & loans: The effect of beauty and personal characteristics in credit markets. Journal of Finance.

[185] Ren, B., Li, L., Zhao, H. et al. (2018). The financial exclusion in the development of digital finance—a study based on survey data in the Jingjinji rural area. The Singapore Economic Review, 63 (1): 65 – 82.

[186] Saez, E., Zucman, G. (2016). Wealth inequality in the United States since 1913: Evidence from capitalized income tax data. The Quarterly Journal of Economics, 131 (2): 519 – 578.

［187］ Samaratunge, R., Kumara, A. S., Abeysekera, L. (2020). Breaking the perverse health-debt cycle in Sri Lanka: Policy options. Journal of Policy Modeling, 42 (3): 728 –745.

［188］ Shrinivas, A., Fafchamps, M. (2018). Testing efficient risk sharing with heterogeneous risk preferences: Comment. American Economic Review, 108 (10): 3104 –3113.

［189］ Stiglitz, J. E., A. Weiss. (1981). Credit Rationing in Markets with Imperfect Information, American Economic Review, 71: 393 –410.

［190］ Thaler, R. H. (1994). Psychology and savings policies. The American Economic Review, 84 (2): 186 –192.

［191］ Tobin, J. (1956). The interest-elasticity of transactions demand for cash. The Review of Economics and Statistics, 241 –247.

［192］ Tokunaga H. (1993). The use and abuse of consumer credit: Application of psychological theory and research. Journal of Economic Psychology, 14 (2): 285 –316.

［193］ Xingjian, Y., Li, Z. (2018). Does the development of digital inclusive finance significantly affect resident consumption-micro evidence from Chinese households. Journal of Financial Research, 11: 47 –67.

［194］ Xu, J. (2017). China's internet finance: A critical review. China World Economy, 25 (4): 78 –92.

［195］ Xun, Z., Guanghua, W., Jiajia, Z. et al. (2020). Digital economy, financial inclusion and inclusive growth. China Economist, 15 (3): 92 –105.

［196］ Yao, L., Ma, X. (2022). Has digital finance widened the income gap? Plos one, 17 (2): e0263915.

［197］ Zanin, L. (2017). Determinants of the conditional probability that a household has informal loans given liquidity constraints regarding access to credit banking channels. Journal of Behavioral and Experimental Finance, 13: 16 –24.

［198］ Zeldes, S. P. (1989). Consumption and liquidity constraints: an empirical investigation. Journal of Political Economy, 97 (2): 305 – 346.

[199] Zhang, X., Zhang, J., Wan, G. et al. (2020). Fintech, growth and inequality: Evidence from China's household survey data. The Singapore Economic Review, 65 (supp01): 75 – 93.